남들과 조금
다른 길을 가도 괜찮아

남들과 조금 다른 길을 가도 괜찮아

정가영 지음

우리가 과거를 바꿀 순 없어,
그러나 현재와 미래는 바꿀 수 있어.

여러분의 한 번뿐인 소중한 삶을 위해 기도하겠습니다.

바른북스

이 모든 순간 내 곁을 지켜준
준상에게

한때는 고통스러운 아픔이었던 나의 이야기를
행복한 마음으로 나눌 수 있음에 진심으로 감사하다.

들어가며

어쩌면, 너무 일찍 풀어놓는 이야기

가장 아름다운 서른다섯이었다. 인생 2막이 그렇게 마냥 동화같이 갖춰진 행복 위에 시작되나보다 했다. 기다림의 끝에 결혼했고, 박사 학위도 받았다. 보이지 않던 불안한 터널 속에서 밝은 빛을 보았다. 열심히 씨 뿌려놓았던 땅에 드디어 열매가 열리는 뿌듯함을 느꼈다. '그럼 그렇지. 역시 난 운이 좋은 사람이야. 내가 꿈꾸던 삶을 펼쳐 보리라.' 내 앞엔 꽃길만 남았다고 생각했다.

그냥 그런 삶으로 보여지게 놔두지, 굳이 이 이야기를 풀어놓으려는 이유가 뭘까. 스스로 많이도 물었던 것 같다. 마음은 매일 다른 이야기를 했고 겨우 회복해 가고 있는데 힘들고 아팠던 시기가 떠올라 몇 번이고 쓰다 말기를 반복했다. 몸의 기운이 없을 땐 어디선가 초인적인 힘이 솟구쳐 나와 버텼는데, 몸의 기운이 돌아오기 시작하니 겨우 붙잡고 있던 마음의 기운이 흔들렸다. 정신없이 지날 땐 몰랐는데 순간순간을 다시 떠올리니 힘에 부쳤다.

그런데도 내가 이 책을 멈추지 않았던 건 내 성장을 기록하고 싶었고 사는 동안 그것들을 잊지 않고 기억하고 싶었기 때문이다. 그러다 생각보다 많은 사람이 나처럼 젊은 나이에 저마다의 아픔을 겪고 있다는 걸 알게 됐고, 혹시 나의 이야기가 누군가에겐 위로가 되기도 할까 하는 생각에 이르렀다.

한참을 팽팽히 맞서던 두 마음 중 용기가 나약함을 이겼다. 나는 남의 이목보다 어디에선가 나와 비슷한 일을 겪으며 숨죽여 울고 있을 이들에게 마음을 건네기 위한 용기를 선택했다. 내 경험이 대단한 존경이 아닌, 누군가에게 위안을 주는 디딤돌이 되는 것도 나쁘지만은 않은 일이란 생각이 들었다.

난 글쓰기를 좋아하는 사람이고 투병 중에도 내 생각들을 기록했다. 가만히 앉아 힘든 몸과 정신에 집중해 내 마음속

이야기에 귀 기울이다 보니 나 자신과 부쩍 가까워지는 느낌을 받았다. 나는 무엇을 좋아하며 무엇을 싫어하는 사람인지, 내가 주인이 되어 살아내고 싶은 삶은 어떤 삶인지 끊임없이 묻고 답하며 비로소 내가 어떤 사람인지 알게 되었다. 이런 시간이 이렇게 젊은 날 찾아와 준 것이 감사했다.

씩씩했던 나 자신이 대견하고 꽤 마음에 들었다. 그리고 나를 들여다보는 귀중한 시간이 누구에게나 꼭 필요한 시간임을 깨달았다.

젊어서 아픔을 겪는다는 게 꼭 나쁜 것만은 아니었다. 이 경험을 통해 어떻게 하면 앞으로 주어진 새로운 삶을 진짜 내가 중심이 되는 '나의 삶'으로 만들어 나갈 수 있을지 명쾌한 답을 얻었기 때문이다. 내 안에 몽글대던 작은 생각들을 듣다 보면 우리네 삶에서 흔히 겪는 많고 많은 문제들이 단순히 생각을 바꾸는 것만으로도 훨씬 나아진다는, 어찌 보면 당연한 진리가 내게 와닿았다.

극한의 절박한 상황에서 있는 그대로 내가 느꼈던 솔직한 감정들, 그리고 얻은 깨달음은 공유해 마땅한 가치다. 내가 겪은 일은 누구에게나 일어날 수 있는 일이고, 그렇다면 이 이야기는 분명 누군가에겐 위로와 치유의 시간이 될 수 있을 것이다. 힘들었지만, 더없이 값졌던, 아무나 가질 수는 없는 그 시간과 관계에 대한 솔직한 이야기를 나는 더 많은 사람과 나누기로 했다.

최대한 담백하게 나를 돌아보며 이 책을 썼다. 마지막 항암이 끝난 지 벌써 2년이 훌쩍 넘었는데도 어쩌면 나는 여전히 꿈속 어딘가를 헤매고 있는 걸지도 모르겠다. 그러나 우리가 살아내고 있는 삶은 결국 한평생 꾸는 꿈이 아닐까?

아팠던 이야기로 시작하지만, 이 책은 섧고 우울한 이야기가 아니다. 나는 삶의 빗속에서 춤추는 법을 배웠다. 믿기지 않을지 모르겠지만 투병하며 실제로 나는 그 어느 때보다 많이 웃었고, 단단히 잘 극복하고 있으며, 지금의 내가 너무 좋다. 삶에 대해 새로운 렌즈를 장착하게 된 나의 이야기가 살면서 한 번쯤 우리 모두에서 꼭 필요한 '나를 생각하는 시간'을 전할 수 있다면 좋겠다.

2024년 6월 21일

들어가며
어쩌면, 너무 일찍 풀어놓는 이야기

Chapter 1.

당연하지 않은 것들

016 | 2021년 4월 1일 만우절
022 | 이해하려 들어도 이해되지 않는 순간들이 있다
025 | 운명과 선택, 그리고 책임
033 | 예기치 못한 수많은 변수, 그중 하나일 뿐
038 | 세상에 '나'보다 중요한 것은 없습니다
045 | 너무 많은 것을 갖고 산 인생이었다
053 | 나는 왜 아이가 갖고 싶었지?
058 | 인생은 계획대로 되지 않는다
064 | 아프면서 경멸하게 된, 내 시간에 대한 간섭

Chapter 2.

우리 가족 모두의 예쁜 딸인 가영아

074 | 다시 태어나도 우리 엄마 딸이 되고 싶다
085 | 남의 편이 아닌, 완전한 내 편이 되어준 남편
095 | 제발 살게 해달라고 기도했다
103 | 결혼하길 얼마나 다행이냐고 말해주신 시아버님
110 | 나를 살리고 간 운명 속 나의 아이
114 | 너만 괜찮으면 다 괜찮다고 말해주신 시어머님
120 | 언니가 주인공인 인생을 살라 말해준, 하나뿐인 내 동생
124 | 누구에게도 미안해하지 말길 바라준 우리 아빠
139 | 내가 지켜야 할 도리, 그리고 반드시 지켜야 할 목표

Chapter 3.

'나'를 생각하는 시간

146 | 과거는 바꿀 수 없지만, 현재와 미래는 바꿀 수 있다
149 | 거울 속 처음 보는 여자에게 물었다. '넌 누구니?'
162 | 애썼다는 증표, 운명처럼 주어진 우수논문상
167 | 항암 중 만난 환우
176 | 기다리고 버티면, 반드시 그 시간은 온다
184 | 남편에게 쓴 편지
195 | 재미나게 살아갈 기대, 늙어감에 대한 두려움
204 | 1년에 딱 15일만, 나와 여행 가자
211 | 하나밖에 없는 내 동생이 아이를 가졌다

Chapter 4.

다시 일상, 삶의 여백을 느끼는 시간

220 | 잠시, 쉬어가기로 했어요
228 | 한 사람의 시선을 온전히 독차지한다는 것
238 | 사랑받는 '어른'이 되기 위하여
250 | 남편의 꿈, 그리고 작은 사회의 응원
255 | 형언할 수 없는 행복을 주는 나의 첫 조카, 윤준
260 | 육아에 지친, 그리고 난임으로 고통받는 부부들에게
263 | 용기 있게 '나'를 선택한 이들에게
266 | 이 시간에도 삶을 위해 열심히 싸우고 계실 환우분들께
273 | 그럴수록, 나는 더 우아하게 살기로 했다

세상에 보내는 작가의 편지

Chapter 1.

당연하지
않은 것들

누구에게나 일어날 수 있는 일이었다.
그동안 운 좋게 내가 아니었을 뿐

2021년 4월 1일

만우절

"시술은 잘되었습니다. 그런데 검사 결과에 대해 심각한 말씀을 좀 드려야 할 것 같습니다."

내 나이 서른다섯, 결혼한 지 10개월, 6년 만에 박사 학위를 받고 졸업식을 치른 지 정확히 한 달 되었을 때 일이다.

"조직검사 결과 자궁내막에 암종이 발견되었습니다."

2021년 4월 1일. 내가 앞으로 얼마를 더 살든 아마도 내 생에 가장 잊지 못할 만우절이 아닐까. 암이라는 단어를 처음 마주해 뇌로 이해하기까지는 생각보다 긴 시간이 걸렸다. 친구들과 라운딩 약속이 있어 검사 결과만 빨리 듣고 곧바로 골프장으로 출발하려던 참이었다.

겨우 서른다섯. 이런 이야기를 듣기에 나는 아직 너무 어렸다.

"생명에 지장이 있는 건가요?"
"보통 자궁내막암은 초기에 발견해 수술만 잘되면 5년 생존율이 94~95%가 될 정도로 예후가 좋습니다. 그러나 더 정확한 진단은 큰 병원에 가서 정밀검사를 해보셔야 알 수 있을 것 같습니다."

"수술이요?"

그 흔한 맹장 수술 한 번 해본 적 없던 나는 수술을 해야만 치료되는 병에 걸렸다는 것부터 믿을 수 없었다.

"자궁을 절제해야 합니다."

진짜 놀란 심장은 더 빨리 뛰는 것이 아니라 오히려 멎는 것처럼 가슴을 짓누른다는 걸 그때 처음 알았다. 무엇을 더,

어떻게 물어야 할지 몰라 말을 잇지 못했다. 몸이 사시나무 떨리듯 떨리며 눈앞이 노래졌다. 난생처음 몸에 칼 대는 수술을 해야 할지도 모른다는 것도 놀라고 답답했지만 '자궁을 수술하면 아기는?' 지금 생각해 보면 이 상황을 너무나 가볍게, 아무렇지 않게 얘기하는 그때 그 의사의 말과 표정을 보며 수술해도 임신과 출산에는 아무 지장이 없을 거로 생각했던 것 같다.

"그럼 아기는요…?"
"음…. 아기를 정 원하신다면 대리모를 하는 방법도 고려해 볼 수 있습니다."

'대리모?' 식은땀이 나기 시작했다.

암이라는 단어에 한 번, 대리모라는 단어에 두 번 세게 얻어맞고서야 면담하고 있던 책상을 부여잡고 있던 왼손이 부들부들 떨리고 있음을 인지했다. 오른 무릎을 쥐어짜며 간신히 버티던 주먹 쥔 내 손을 남편이 다독이고 있었다. 그제야 옆을 보았다. 그의 눈이 내 것보다 몇 배는 더 충혈돼 있었다.

"빨리 큰 병원으로 가셔야 합니다. 편하신 병원이 어딘지 알려주시면 제가 최대한 이른 시일 내에 예약을 잡아드리겠습니다."

"아산병원이요."

의사는 수화기를 들고 누군가와 통화를 하고는 내 앞에 병원, 이름, 시간이 적힌 메모지를 내밀었다.

"7일, 다음 주 목요일로 예약 잡아드렸습니다. 이렇게 빨리 잡아준 거는 그쪽에서도 신경을 많이 써준 겁니다."
"그럼 이게 다른 곳으로 더 퍼졌을 수도 있다는 건가요?"
"그건 여기서는 정확히 알 수 없습니다. 아산병원 선생님이 저보다 훨씬 더 잘하는 분이시니 가서서 여러 가지 검사를 또 하게 되실 겁니다."

"선생님, 약물 치료 같은 방법으로는 어려울까요?"

긴장하던 남편은 그제야 어렵게 첫마디를 뗐다. 아무 말 없이 내 손만 꼭 잡고 놀라지 않은 척 애쓰고 있었지만 떨리는 목소리, 새빨개진 눈동자에 고여 있는 눈물까지 속일 수는 없었다.

"제가 보기엔 어려울 것 같습니다."

뼈를 뚫고 훅 지나가던 그 방의 공기가 지금도 잊히지 않는다.

"지금은 힘들겠지만, 언젠간 다시 웃으며 얘기할 수 있는 날이 올 겁니다."

'지금 그걸 위로라고 하는 거야? 어떻게 저렇게 남 일처럼 얘기하지? 역시 산부인과는 남자 의사한테 오는 게 아니었어.' 원망을 어디에 해야 할지 몰라 애꿎게 암 선고를 한 의사를 원망하며 진료실을 나섰다.

굳은 다리를 겨우 일으켜 진료실을 나서자마자 남편은 나를 끌어안고 내 머리를 자신의 가슴팍에 파묻었다. 그러고는 한동안 놓지 못했다. 그제야 나는 진료실 안에서는 건조하리만큼 멀쩡하던 눈물을 폭포수같이 쏟았다.

"미안해…. 어떡해…."

놀란 마음이 좀처럼 가라앉지를 않았다. 온몸이 떨리게 한참을 울고 품에서 나와 남편의 눈을 올려다보자마자 나도 모르게 미안하다는 말이 튀어나왔다. 지금 와 생각하면 가장 처음 순간 나는 남편을, 남편은 나를 걱정했던 것 같다. 나는 이제 신혼 10개월 차에 이런 일을 겪게 해서 신랑이 걱정됐고, 남편은 내 손을 잡으며 장인, 장모님 생각에 더 눈물이 난다고 했다. 눈물 나는 이유가 나도 자기도 아닌 내 부모라니. 이 상황에서도 자신이 아닌 자식의 암 선고에 내 부모가 아플 마음을 먼저 걱정해 주는 그가 참 고마웠다.

남편의 품 뒤로 진료를 기다리는 세 커플 정도가 있었다. 그들은 모두 웃으며 설레는 표정이었다. '그래, 이 공간은 원래 저런 표정이어야 하는 건데….' 같은 공간에서 이렇게 극과 극의 상황이라니. 나도 내 남편에게 방방 뛰는 설렘을 주고 싶었는데 같은 장소가 내 사람에겐 공포와 트라우마의 장소가 돼버렸다. 이런 억울한 감정은 태어나 처음이었다.

왜 하필 지금일까. 내가 원하던 걸 이제 막 이루었는데. 드디어 바라고 바라던 모든 꿈이 이루어지고 미지의 조각들이 맞춰져 내가 그리던 완성에 가까운 인생으로 이제 한 걸음 더 나아가려던 참이었는데. 디딤돌 하나가 생기자마자 툭, 발 한쪽이 미끄러지는 것 같았다.

일찍 결혼해 아이를 낳고 육아를 시작했다면 이루기 어려웠을 학위는 따냈지만, 여자라면 당연한 순리라 생각했던 엄마가 되는 길이 내겐 너무나 어려운 길이 돼버리는 순간이었다.

이해하려 들어도 이해되지 않는 순간들이 있다

　불과 4개월 전 산부인과에서 산전 검사를 받았고, 한 달 후, 그러니까 암 선고를 받기 3개월 전 서울대학교병원에서 종합검진을 받았다. 이상 무. 아무 이상 없었다. 암 수치는 물론 모두 정상이었다. 심지어 산부인과 검진 결과 내 난소 나이는 20대로, 30대 중반인 실제 나이보다도 훨씬 젊고 건강해 바로 임신을 시도해도 무방하다 했다. 어떻게 갑자기 이런 일이 생길 수가 있는지. 아무리 이해해 보려 해도 이해가 되지 않았다.

　"거짓말 아닐까? 오진일 수도 있잖아." 오늘은 만우절이고, 조금 전 상황이 제발 거짓말이길 바랐다. 집으로 돌아온 나는 삐죽 나온 입을 하고는 닭똥 같은 눈물을 흘리며 말했다. "나 오빠랑 오래오래 살고 싶었는데…."

왜 그 말이 나왔는지 모르겠는데 내가 암이라는 사실을 받아들이는 과정에서 '그럼 내가 죽을 수도 있다는 건가?' 하는 생각을 처음 했던 것 같다.

남편이 자주 놀리는 꼬마 아이 같은 표정, 그 모습이 귀여웠는지 남편은 웃으며 나를 또 끌어다 안았다.

"오래 살면 되지 바보야."

그날 이후 매일같이 나는 정말 간절한 마음으로 잠을 청했다. 다시 깨어나면 왠지 이 모든 게 다 꿈일 것만 같았다. 그리고 아침에 깨어 꿈이 아님을 확인하면 낮에 다시 침대 속을 파고들었다. 그러나 수백, 수천 번의 밤낮을 다시 자고 일어나도 꿈이 아니었다. 며칠을 그렇게 매번 눈을 떠 꿈이 아닌 현실의 공기를 본능적으로 직감할 때마다 나는 많이 울었다.

이해하려 들어도 이해되지 않는 순간들이 있다. 도대체 왜 이런 일이 나에게. 어떻게 이런 일이 내게. 받아들이기 어려운 몸부림의 시간이었다. 도무지 이해가 안 되는데 이해하려 애를 쓰면 쓸수록 더 힘이 들었다.

시간이 지나니 알았다. 세상엔 꼭 이해할 수 있는 일들만 있는 게 아니구나. 이해할 수 없는 일들도 있고, 그것이 꼭 또 나쁜 것만은 아니구나.

그러나 그땐 미처 알지 못했다.

운명과 선택,
그리고 책임

"나는 운명이란 걸 믿지 않았거든? 근데 이런 일을 겪고 보니 사람이 태어나면서부터 살아가는 과정에 어느 정도 이미 정해져 있는 운명이 있다는 생각이 들어. 우리가 만난 것도, 하필 그때 만나 결혼해 네가 아픈 걸 빨리 발견하게 된 것도."

세수하고 잘 준비하는 나를 침대에 누워 빤히 바라보며 운명이란 말을 건네던 그의 표정은 밝았다. 며칠 전 아산병원에서 Pet-CT와 MRI, 그리고 조직검사를 다시 한번 진행한 결과 나는 자궁내막암 초기, 초기 중에서도 가장 초기 단계인 1A란 소식을 접한 후여서 가능한 표정이었다.

아산병원 검진 결과를 기다리는 일주일이 내겐 십수 년과 같은 긴 시간이었다. 검사 결과를 들으러 내원해 마주한 교수님은 검사 결과를 전하고는 내 눈을 바라보며 웃으셨다.

"이제야 웃으시네요." 2주 만의 웃음이었다.

"모든 검사를 종합해 본 결과 충분히 호르몬 치료를 시도해 볼 수 있다는 판단을 내렸습니다. 물론 이런 시도는 모든 리스크를 감안하고 오로지 한 가지 이유, 아기를 위해서입니다."

자궁내막암의 경우 전 자궁을 절제하는 것이 가장 원론적인 치료법이지만, 결혼과 출산이 늦어지고 젊은 환자도 늘어나는 추세여서 초기에만 발견하면 수술 대신 약물 치료인 호르몬 치료로 자궁을 보존해 임신하고 출산에 성공하는 예가 늘어나고 있다. 다행히 내 경우 이 호르몬 치료가 가능한 상태였다. 지푸라기라도 잡고 싶었던 그때 내게 가장 필요했던 건 그래도 해볼 수 있다는 희망이었다. 가능성이 있다는 것만으로도 병이 다 나은 것처럼 행복했다.

내게 발병한 자궁내막암은 영국이나 미국 등 서구 선진국에서 많이 발병해 '선진국형 암'으로 불리지만, 최근 들어 우리나라도 2000년 720여 건에 불과했던 사례가 2022년 2만

4,787명으로 4배가량 늘어날 정도로 급격히 증가하고 있다. 그러나 아직도 연구가 활발히 진행 중인 암으로 정확한 발병 원인조차 밝혀지지 않고 있다. 호르몬 불균형이 가장 큰 원인으로 알려져 있는데, 여성 호르몬인 에스트로겐에 지속해서 과도하게 노출되면 발병 위험이 증가한다. 나도 과다한 여성 호르몬이 원인이었다. 폐경 이후의 여성, 과체중일 경우, 또는 가족력이나 유전인자가 있을 때 발생 가능성을 높이지만 나는 그 어디에도 해당하지 않았다.

초기라는 진단과 수술 대신 가임력을 보존할 수 있는 호르몬 치료를 해보자는 이야기를 듣고 나는 그 가능성에 더 확신을 얻고 싶어 서울대학교병원 산부인과를 찾았다.

"무책임하게 들리실지 모르겠지만 이런 경우 가족들과 충분히 상의하고 본인이 최종 결정을 내리셔야 합니다. 그리고 그 책임도 본인이 지셔야 합니다."

심각한 얼굴로 차트를 한참 들여다본 60대 즈음으로 보이는 의사가 말했다.

"MRI나 Pet-CT 결과들은 어디까지나 참고용이에요. 굳이 숫자로 말하자면 검사의 결과들은 50% 정도만 믿는 것이 맞습니다. 지금 환자의 상태는 초기라도 사이즈가 아주 작은 것은 아닙니다. 이제껏 자궁내막암의 5년 생존율이 90%가 넘게 예후가 좋았던 것은 모두 곧바로 수술했기 때문입니다. 요즘은 젊은 환자들이 많아지면서 가임력 보존을 위한 호르몬 치료들을 많이 하는데, 실제로 호르몬 치료 후 암세포가 없어져 임신해 출산까지 성공했지만 이후 산모가 사망한 케이스도 있습니다."

듣고 싶지 않은 이야기였다. 나는 겨우 잡은 희망의 고리를 끊어내려는 의사가 미웠다. 완강히 호르몬 치료를 하겠단 내게 아산병원 선생님도 분명히 말씀하셨었다. 이건 모든 리스크를 안고 오로지 한 가지 이유, 아이만을 위한 선택이라고. 물론이었다. 그때의 난 나보다 아이가 우선이었다. 아이만 가질 수 있다면, 다 괜찮다고 생각했다. 설마, 그런 일이 나에게 일어날 리 없다고 생각했다. 나는 믿고 싶은 대로 믿었고, 나에게 일어날 수 있다는 리스크에 대해선 모르는 척 외면했다.

하필 이날이 처음으로 남편이 아닌 엄마와 함께 병원에 간 날이었는데 이런 이야기를 듣다니. 엄마는 내 앞에서 애써 놀라움을 감추려 했지만, 그 떨림까지 감출 수는 없었다. 그리곤 놀랐을 나를 더 걱정해 떨리는 목소리로 물었다.

"선생님, 그래도 잘된 케이스도 많이 있잖아요…?"

"네, 물론 있습니다. 한 70% 정도. 하지만 그렇지 않은 케이스도 있다는 걸 말씀드리는 겁니다. 자궁내막암은 아직 연구가 덜 된 분야입니다. 바로 수술하면 완치율이 높지만 호르몬 치료는 그것보다는 훨씬 더 리스크가 있다는 걸 말씀드리는 겁니다."

"환자의 경우 아이를 정 원하면 대리모를 고려해 볼 수 있습니다."

대학병원에서까지 또 대리모 이야기를 하다니. 놀라웠다. 나 같은 환자에겐 내 안전을 위해 수술을 먼저 하고, 시험관 시술을 하듯 체외에서 나와 남편의 유전자로 수정란을 만들어 대리모를 통해 아이를 출산하는 것이 합법적으로 가능하단 얘기였다.

"환자분, 세상에 나보다 중요한 것은 없습니다. 아이보다 더 중요한 건 나 자신입니다. 내가 있어야 아이도 있는 겁니다. 돌아가셔서 남편분과 충분히 상의해 보고 결정을 내리시는 게 좋을 것 같습니다."

할 말을 잃은 내게 의사가 덧붙여 건넨 이 말이 솔직히 당시엔 잘 와닿지 않았다. 이기적인 선택을 하라는 말로 들렸다. 세상에 나보다 중요한 건 없으니, 나만 생각하고 수술을 선택할 수 있길 바란다는 말이었다. 그러나 나와 같은 상황에서 나만 생각할 수 있는 사람이 몇이나 될까? 나는 나만 생각할 수 없었고, 나만 생각하고 싶지 않았다. 불행히도 암이었지만 운 좋게도 초기에 발견된, 90%가 넘는 좋은 예후를 가진 암이었다. 난 내 운을 믿었다.

아직도 가끔 내게 수없이 많은 질문들을 던진다. '난 과연 나를 희생하면서까지 정말 아이를 원했던 걸까? 내가 정말 이후에 일어날 모든 위험을 감내할 만큼 용기 있는 사람이었나?'

그리고 또 스스로 답한다. 나는 아이를 원했고 그것도 가장 자연스러운 방법으로 내 아이를 만나고 싶었다. 나 닮은 아들 하나, 남편 닮은 딸 하나. 한 명도 아닌 둘까지 욕심냈다. 나는 백번 천번을 다시 돌아간다 해도 같은 선택을 할 것이다. 아이를 품고 낳을 수 있다는 희망을, 그 가능성을 나는 절대 포기할 수 없었다.

아주 나중에서야 알았다. 그때 나만 생각하는 것을 거부했던 내 선택도 결국 나약한 한 인간의 욕심이었다는 것을. 정작 다해야 하는 나에 대한 책임은 신께 미뤄둔 채 부수적인 내 욕심을 더 앞세웠었던 것임을.

 다 지나고 지금 와 생각해 보면 이때 '조금 더 열린 마음으로 다른 방법들을 생각해 봤더라면 어땠을까.' 하는 아쉬움이 아예 없는 것은 아니다. 그러나 그것은 작은 후회에 불과하다. 충분하진 않았지만 여러 갈림길에 서 있었던 그 시간 동안 우린 많은 이야기를 나눴고 다양한 상상을 했다. 그때 다른 결정을 했더라면 다른 현재가 되었을 수도, 그리고 그 후에 일어났던 후폭풍이 내가 겪었던 것보다 조금 더 잔잔했을 수는 있겠지. 하지만 다시 돌아간다 해도 내 선택은 변하지 않을 것이다. 하루라도 빨리 내 몸에서 암 덩이를 없애려는 의학적 치료만큼이나 마음을 다독일 수 있는 시간이 내겐 더 필요했다. 가능성을 붙들고 있었던 그 시간이 내겐 결코 헛된 시간이 아니었다. 그것이 희망 고문일지라도 상관없었다. 그래서 후회 같은 건 없다.

 호르몬 치료를 하며 친정 식구들과 제주 여행을 떠났다. 마음이 힘들 땐 공간 자체를 바꿔주는 여행만큼 좋은 치료가 없다. 쉼이란 언제나 필요하다.

 아빠와 벤자리회에 소주 몇 잔 기울인 남편이 먼저 이야기를 꺼냈다.

"아버님, 저는 가영이와 결혼해 가장 친한 친구가 생겨 정말 좋습니다. 가영이가 저한테 연인을 바라서 문제지, (하하하) 저희는 둘도 없는 친구 사이로 너무 잘 지내고 있어요. 저희는 아이 없어도 지금처럼 이렇게 둘이서 잘 살 거예요. 그러니 가영이 걱정은 하지 않으셔도 됩니다."

아빠는 눈시울이 붉어졌고 그렇게 말해줘 고맙다고, 우선은 내 건강을 최우선으로 생각하자고 하셨다.

나는 이 과정을 꼭 잘 해내고 싶었다.

예기치 못한 수많은 변수, 그중 하나일 뿐

   살면서 예기치 못한 변수는 언제나 생기기 마련이다. 그러나 알고 있고 늘 긴장하고 있음에도 우리는 불완전한 인간인지라 때론 실수도 하고 때론 내 힘으로 막을 수 없는 불가역적 고비를 맞닥뜨리기도 한다. 2021년 말이 내겐 그랬다.

   호르몬 치료 3개월 후 경과 확인을 위해 다시 수술대에 누웠다. 조직검사를 위해서는 유산 시 실시하는 소파술을 해야 한다. 이를 위해선 환자복으로 갈아입고 당일 수술실로 들어가 전처치를 한 후 다른 환자들과 함께 대기하다 호명된 순서대로 의료진을 따라 수술실로 들어간다. 그리고 수술대에 누워 전신마취를 하고 의식이 없는 상태에서 30분간 수술이 진행된다. 4개월 동안 벌써 세 번째 소파술이었다.

짧은 수술이지만 대학병원 수술대에 오르는 건 그때마다 너무 무서웠고, 회복실에서 눈을 떴을 땐 몸을 아무리 이쪽저쪽으로 웅크리고 뒤틀어도 통증이 사라지지 않아 괴로웠다. 기진맥진해 커튼이 쳐진 회복실 침대에 누워 있을 때면 너무 외로워 남편이 많이 보고 싶었다. 바깥세상으로부터 2시간 정도밖에 지나지 않은 시간이었지만 늘 그 시간이 내겐 아주아주 긴 시간이었다.

겨우 통증이 좀 가라앉아 의자로 옮겼을 때 보호자를 잠시 만나게 해달라고 부탁했다. 호출한 지 얼마나 지났을까, 문만 비리보고 있자니 그 짧은 시간도 꽤 길게 느껴졌다. 드디어 회복실 문이 열리고 익숙한 나의 사람, 남편이 들어왔다.

"나 백신 맞고 왔어!"

마치 상장이라도 하나 타온 듯 어린아이처럼 내게 달려와 말하던 남편의 해맑은 얼굴이 아직도 생생하다. 내가 방금 겪은 마음을 알긴 하는 건지 괜찮냐 묻기도 전에 백신 맞고 온 자랑부터 하는 남편이 살짝 어이가 없긴 했으나 정말이지 반가웠다.

"어떻게 맞았어?"

코로나 백신이 처음 나오기 시작해 백신 맞는 게 훈장 같던 시절, 내가 수술실로 들어간 사이 때마침 백신 순번이 왔다고 연락이 와 근처 병원에서 백신을 맞고 온 것이다. 그 짧은 시간 마누라는 수술실에 들어가 있는데 나가서 백신까지 맞고 왔다니, 가만히 있지를 못하는 너무나 그이가 했을 법한 행동이라 "의7." 하며 피식 웃었다. 반가움에 평소처럼 남편과 수다를 떨다 보니 거짓말처럼 통증이 가라앉았다.

난 운이 좋은 사람이고 70%나 되는 확률은 거뜬히 이길 수 있을 줄 알았다. 그러나 확인 결과 나의 경우 첫 번째 호르몬 치료 후 암세포는 전혀 줄어들지 않았다. 호르몬 치료를 2년까지 하는 사람들도 있으니 3개월은 더 해보고 추이를 좀 보자 했는데 그새를 못 참고 암세포가 전이됐다.

암세포를 억제하고 줄이는 호르몬 약을 먹으면서 전이되는 일은 있을 수 없는 일이었다. 그런데 내 케이스가 하필이면 20년 만에 처음 일어난 사례라니. 지금은 이렇게 담담하게 적고 있지만 당시 상황은 정말, 다시 떠올리고 싶지 않은 악몽 같은 응급 상황이었다.

솔직히 나는 인과성이 입증되지 않아 보상받지 못한 코로나 백신의 매우 큰 피해자라고 생각한다. 암 환자의 경우 코로나에 걸리면 바로 중증으로 갈 확률이 높다고 했다. 그래서 항암 환자들도 모두 선순위로 백신을 맞고 있었고, 백신 맞지 않은 사람을 고립시키던 정부는 이러한 섬세한 상황에는 관심이 없었다. 나도 권유받은 대로 백신을 2차까지 맞았다. 그리고 한 달도 지나지 않아 이유 없이 줄어드는 몸무게와 나아지지 않는 미세한 복통으로 동네 산부인과를 찾았다가 당장 응급실로 가야 한다는 말을 들었다. 예정된 다음 검진일보다 한 달이나 앞서서였다.

다음 날 일찍 응급실을 찾았다. 수액을 맞은 후 통증이 가라앉았다. 그래서 별일 없을 줄 알았다. 검사 결과가 나올 때까지 우선 입원하기로 했다. 보호자는 한 명으로 엄격히 제한되던 코로나 시대, 늦은 신혼여행으로 해외를 다녀온 후라 PCR 테스트를 통과했더라도 남편은 입원실 출입이 허락되지 않았다. 남편을 대신해 엄마가 급히 보호자로 오셨다. 그때까지만 해도 응급실에서 웃으며 헤어진 남편과는 하루 이틀이면 다시 보게 될 줄 알았다.

격리를 위한 음압병실을 배정받았는데 그 방이 특실보다 더 좋았다. 그때만 해도 난 사태의 심각성을 인지하지 못하고 격리하는 방이 너무 좋은 거 아니냐며 엄마와 웃고 있었다. 하지만 이후의 일어날 일을 감히 상상도 하지 못했던 그때가 내게 주어졌던 마지막 희망의 시간이었다.

세상에 '나'보다
중요한 것은 없습니다

 주말 저녁임에도 불구하고 주치의 선생님이 직접 내 병실을 찾아주셨다. 그 자체가 좀 불길하기도 했고 어두운 표정에 예감은 했지만, 그래도 아니길 바랐다.

 "가영 씨 상황이 좋지 않아요."

 선생님의 목소리는 나지막이 조심스러웠고 시선은 자꾸 아래를 향했다.

 "보내줬던 사진으로 보았을 때(전날 동네 산부인과에서 찍은 초음파 사진을 선생님께 전달해 드렸었다), 전이가 좀 된 것으로 보여요…."

암 환자에게 가장 무서운 말이었다.

"CT 결과 오른쪽 난소에 13cm나 되는 혹이 생겼습니다. 다행히 한쪽 난소는 깨끗한 거로 보이지만 우선 눈으로 확인을 해봐야 할 것 같아요."

수술해야 한다는 말이었다.

"한 달 사이에 13cm나 되게 암세포가 자랐다는 것은 세포의 전이 속도가 굉장히 빠른 겁니다. 더 이상 수술을 미룰 수 없을 것 같아요."

지금은 담담하게 당시를 회상하지만, 이 상황에 어떻게 담담할 수가 있었겠는가. 수술 전 그 며칠이 내겐 살면서 가슴을 쳤던 가장 고통스러운 날들이었다. 선생님은 최대한 빠르게 수술 날짜를 잡겠다고 하셨지만 나는 선뜻 대답하지 못했다. 선생님께 더 알아봐 달라 사정했다. 수술하겠단 말이 차마 입에서 떨어지지 않았다.

그날 바로 내 대답을 듣지 못한 선생님은 돌아가시곤 며칠 후 다시 내 병실을 찾아오셨다. 그리고는 아주 좋은 말로 여러 번, 또 상태의 심각성을 설명하시며 나를 포기시키려 하셨다. 그런데도 나는 대답하지 못했다. 끝까지 내가 수술하겠단 말을 하지 않자 선생님은 자세를 고쳐 서서 단호해졌다.

"가영 씨. 이제 이건 더 이상 아이의 문제가 아닙니다. 이건 내가 죽고 사는 문제예요. 세상에 나보다 중요한 것은 없습니다. 지금은 다른 것 말고 본인만 생각하세요."

서울대학교병원에서도 들었던 똑같은 말이었다. 그러나 당시의 난 그 말에 반감부터 들었다. 그 말이 가진 의미를 잘 알지 못했기 때문이다. 의사 입장에서 일단은 살리고 보자는 말처럼 들렸다. 그런데 '그럼, 그다음은?'

산다는 것의 의미가 나에겐 목숨줄이 붙어 있는 것 이상의 많은 것을 포괄했다. 나에겐 지금 당장 사는 것만큼이나 수술 이후 남은 삶의 질이 중요했다. '지금은' '나'만 생각하라는 말은 내겐 너무도 불안한 말이었다. 그 말의 무게가 무겁고 무서웠다. 일단 살려는 놓고 네 선택이었다며 아무도 책임져 주지 않을, 수술 이후 나의 삶이 걱정됐다.

"전이된 거면, 이제 제 생존율은 어떻게 된 건가요?"

서른다섯에 내 생존율을 묻는 기가 막힌 이 상황이 생시인가 싶었지만 아마도 그때 처음, 죽음이란 것이 마냥 멀기만 한 일은 아니라는 걸 깨달았던 것 같다.

"정확한 병기는 수술해 봐야 알겠지만, 지금으로 봐서는 3기 초로 예상합니다. 그리고 숫자로 말하긴 어렵지만…. 3기라면 5년 생존율은 50% 미만으로 떨어집니다."

지금 생각하면 그때까지 나는 산다는 것의 귀함을 잘 몰랐다. 삶을 너무 당연하게만 생각했던 걸까. 내 생존율에 관한 이야기를 듣고 나서야 내 존재의 귀함에 대해, 나를 지켜야 하는 책임에 대해 생각하기 시작했다.

옆 장기로 전이가 된 건 2기를 건너뛴 3기라고 했다. 어느 장기에 어느 정도까지 퍼졌는지는 수술을 통해 직접 눈으로 확인해 봐야 정확히 알 수 있다고 했다.

"그리고 사실 어제저녁 남편분과도 통화를 했습니다."

생존율이 50% 미만으로 떨어졌다는 말을 듣고 어안이 벙벙

해 혼이 나가서도 수술하겠다는 답을 하지 않고 버티는 내게 마치 최후의 한 방이라는 듯 의사는 남편 이야기를 꺼냈다.

입원 첫날 그에게 상황은 알렸었고 남편은 내게 놀란 티를 내지 않고 침착하고 듬직한 보호자의 모습을 보이려 했지만, 영상통화를 할 때마다 퉁퉁 부어 있는 눈은 지금 그가 홀로 얼마나 힘든 시간을 보내고 있을지 가늠케 했다. 보호자인 그가 선생님을 직접 만날 수 없는 상황이니 선생님과 통화라도 하고 싶다 전해달라 했었는데, 아마 통화 연결이 됐던 모양이다. 그러나 남편은 선생님과 통화했다는 사실을 내게 말하지 않았다.

"남편분과 아주 긴 시간 통화를 했고, 가영 씨에게 말한 그대로 차분하게 상황을 설명해 드렸습니다. 그리고 아이에 관한 이야기도 해드리려고 했는데…. 남편분이 딱 자르시더군요."
"아이 얘긴 하실 필요 없습니다. 선생님 제발 가영이만 살려주세요."
"…."

난 무슨 말을 어떻게 해야 할지를 몰랐다.

"가영 씨 저는 의사로서 수술을 안 할 수 없습니다. 남편분께도 약속드렸어요. 꼭 살리겠다고. 그리고 이제는 오로지 재발하지 않도록 최대한 안전하고 깨끗하게, 그것만 생각하고 수술할 거라고 말씀드렸습니다. 하루빨리 수술 꼭 해야 합니다. 그리고 3기에 맞게 항암도 할 겁니다."

모든 리스크를 감안하고라도 오로지 한 가지 이유, 아이를 위해 했던 내 고집스러운 선택, 이제는 그 선택의 결과를 다시 책임지기 위해, 또 다른 선택을 해야 했다. 신은 어쩌자고 나를 이렇게까지 궁지로 몰아넣으신 걸까?

내가 살기 위해선, 나를 선택할 수밖에 없었다.
그게 너무 힘이 들었다.

전이라는 단어를 듣고도 나는 여전히 그다음을 걱정하고 있었다. 내가 앞으로 5년도 못 살 수도 있다는데. 그럴 확률이 50%나 된다는데. 남의 생각, 남의 시선, 그런 게 뭐 그리 중요하다고 목숨이 왔다 갔다 하는 순간까지 나는 내 목숨을 담보로 망설였을까?

지금 생각해 보면 예전의 나는 지금 당장보다 앞으로의 많은 것들이 머릿속 대부분을 차지하고 있었다. 나 자신보다 더 중요하게 생각되는 게 많았고, 그런 것들이 나를 만든다고 생각했다. 나는 내가 죽고 사는 것보다 더 걱정되는 것들이 많았다. 다들 쉽게 갖는 걸 나는 갖지 못하는 게 싫어서, 해내는 걸 보여주고 싶었는데 그게 꺾여버려서, 인정받고 사랑받기 위해. 지나고 보면 이런 것들은 정말 중요한 것이 아닌데, 그때는 암이 퍼졌다는 말을 듣고서도 선뜻 수술하겠다 얘기하지 못했다.

발만 동동 구르며 답답해하던 그때의 가여운 나를 지금 다시 만날 수 있다면, 괜찮다고, 정말 다 괜찮을 거라고 꼭 안아줄 수 있을 텐데. 정작 그때의 난 가장 소중한 나 자신을 돌보지 못했다.

"세상에 나보다 중요한 건 없다."는 그 말의 의미를 이젠 안다. 나 자신을 보호하고 챙기기 위해선 사실 굉장한 용기가 필요하다. 내 몸을 사릴 수 있는 용기, 하고 싶지 않은 것은 하지 않겠다 말할 수 있는 용기, 욕심을 내려놓을 수 있는 용기. 나의 삶을 살겠다 다짐한 지금의 내겐 인생의 나침반처럼 자주 되뇌는 말이 되었고 그때 들었던 그 말이 종종 생각나 위로가 되곤 한다. 하지만 그땐, 나부터 생각하면 되는 가장 쉬운 선택이 이보다 더 절망적일 수 없었다.

너무 많은 것을 갖고 산 인생이었다

 벼락을 맞고 폭풍우가 지나가 안개가 자욱하게 가라앉자 심장박동 수가 점점 느려짐을 느꼈다. 들숨 한 번 들이켜 날숨 한 번 크게 내쉬니 마음이 조금은 가라앉고 차분해졌다. 덩그러니 입원실 침대에 앉아 어찌할 바를 모르고 날뛰던 마음을 가다듬고는 한참을 멍하니 있었다.

'내가 너무 많은 것을 가지고 살았나?'

 왜인지 모르겠다. 그냥 그런 생각이 먼저 들었다. 너무 좋은 걸 이미 많이 주셔서, 이번에 이렇게 큰 시련을 주신 걸까.

남편 말마따나 나는 복이 넘치는 사람이다. 부모 복에 조상 복까지 타고나 태어나면서부터 이미 많은 게 주어진 삶이었다. 화목하고 부유한 집안에서 예쁘게 태어난 나는 자라는 내내 특별한 사랑을 많이 받았다. 외가에선 할아버지, 할머니의 귀한 막내딸이 낳은 집안의 첫 손녀딸로 온 식구들의 예쁨을 독차지했고 그 사랑을 먹고 자란 덕에 밝고 긍정적인, 자존감 높은 사람으로 자랄 수 있었다.

난 사랑의 힘을 믿는다. 그리고 그 힘이 얼마나 큰 것인지 잘 안다. 사랑받은 사람만이 가질 수 있는 그 든든한 '빽' 같은 힘이 내겐 늘 있었다. 살면서 누군가를 딱히 부러워해 본 적도 없었고 무언가를 더 갖고 싶다고 생각했던 적도 없었다. 원하는 만큼 공부도 많이 했기에 지적 깊이에 대한 자부심도 있었고 적당한 나이에 남편까지 잘 만났으니. '그래, 이건 불공평할 수 있지.'

내가 너무 이 모든 걸 당연하게 생각했던 탓일까. 그렇다고 이렇게, 이런 방식으로, 아무 준비도 없이 이런 시련을 갑자기 내리시다니. 그분이 누구시든 야속했다. 운이 좋은 사람임을 부인하진 않지만 스스로 그렇게 느끼며 자만하지 않았다. 난 내 나름대로 매 순간 마음을 다해 열심히 살았다. 그래서 억울했다.

나중에 가까운 친구들에게 내게 있었던 일들을 말했다. 그러자 한 친구는 버럭 화를 냈다.

"지금 네가 아픈데 다른 게 다 무슨 소용이야!"

또 다른 친구도 어떻게 그런 일을 자기한테까지 숨길 수가 있느냐며 화를 냈다. 내가 예상했던 반응들은 아니었지만, 되레 더 반가웠다. 한때는 자매처럼 친했지만, 각자의 삶을 살며 이전처럼 자주 보지는 못해도 나를 진짜로 사랑하는 진짜 친구라는 게 느껴졌다. 울컥했다. 친구들은 그제야 자신도 어려운 시기가 있었음을 털어놓았다.

"인생은 다 공평하게 좋은 일도 어려운 일도 생기는 거 같아. 그저 누구에겐 조금 더 일찍 누구에겐 조금 더 늦게 찾아올 뿐, 누구나 힘든 일이 한 번씩은 찾아오더라. 그런데 너에겐 그 어려운 일이 남들보다 조금 더 빨리 왔고, 조금 더 빨리 헤치웠다고 생각해. 나중엔 모두가 다 부러워하는 삶을 네가 살고 있을지도 몰라."

또 다른 친구 역시 내 이야기를 듣고는 본인의 힘들었던 이야기를 나누기 시작했다.

"언니가 용기 내서 손 내밀어 주길 다들 기다리고 있어. 다른 사람들도 자기의 약한 모습을 보여주고 싶어서. 모든 사람은 기다리고 있어. 상대가 나보다 더 먼저 자신의 어려운 이야기를 꺼내놓아 주기를."

숨겨두었던 어려운 이야기를 함께 공유하고 털어놓는 것이 "어떡하니, 괜찮을 거야."란 원론적 말보다 훨씬 더 큰 위로가 된다는 걸 그때 처음 알았다. 어쩌면 친구들의 진심 어린 말들이 내 이야기를 하는 이 책을 쓰는 원동력이 된 건지도 모르겠다.

암은 내게 처음으로 결핍이 주는 공허함과 불안감이 어떤 것인지 알게 해주었다. 부족한 것 하나 없이 강자로 살아온 지난날 나는 기대지 않았고 엄살 부리지 않았다. 환자복을 입고 있는 지금의 나는 내가 알지 못했던 세상을 조금이나마 더 이해할 수 있게 되었고, 친구의 말처럼 홀로 서러워하는 대신 위로받고 위로하며 세상에 더 다가가 보고 싶어졌다.

인생은 불공평하면서도 공평하다. '모든 일엔 뜻이 있고, 그래, 이미 온 건 온 대로 받아들이자. 어쩌면 이건 내게 온 선물 같은 시간일지도 몰라.' 많이 지쳐 있었던 시기, 어디 가서 아무 방해도 받지 않고 한 달쯤 푹 쉬다 나오면 좋겠다고 했었는데, 그 말이 현실이 됐다.

 앞으로 얼마가 됐든 이 시련을 묵묵히 잘 감내해 보자고 계속해서 주문을 외웠다. 매시간 매 순간 다짐하며 시간이 꽤 흐른 지금, 이제 다 괜찮아졌나 싶게 아무렇지 않다가도 한 번씩 어찌할 바를 모를 답답함이 휘몰아쳐 숨이 찰 때가 있다. 그때마다 남편은 내게 말해주었다.

 "사람이 현재와 미래를 살지 과거를 살진 않잖아. 우리가 과거를 바꿀 순 없어. 그러니 현재와 미래는 바꿀 수 있어. 이미 일어난, 우리가 바꿀 수 없는 과거 때문에 힘들어하지 말고, 이 상황에서도 어떻게 하면 더 즐겁고 행복한 미래를 만들 수 있을지 고민하자. 우린 이미 많은 걸 가졌잖아."

 기댈 수 있는 사람이 늘 옆에 있다는 게 얼마나 큰 복인지 모른다. 남편이 아내인 내 마음보다 다른 누군가의 마음을 더 우선으로 생각하는 것 같다고 느껴질 땐 그가 온전히 내 편이 아닌 것 같아 섭섭할 때도 많았다. 굳이 다 설명하지 않아도 내 마음을 찰떡같이 알아주길 바라는 나와 달리 여전히 그는 이런 내가 이해되지 않는다고 말할 때도 많고, 나 역시 그가 가진 생각의 틀을 이해할 수 없을 때도 많지만, 한 가지 확실한 건, 이 상황에 내게 이런 말을 건네는 이가 내 남편이라는 사실에 진심으로 감사했다.

 가진 것과 가지지 못한 것은 어쩌면 동전의 양면일지도 모른다. 모든 건 생각하기 나름이다. 난 내게 주어지지 않은 것에 마음 아파하며 아쉬움으로 내 귀하고 아까운 시간을 허비하기보다, 나에게 주어진 것에 감사하며 하루하루 즐겁게 사는 데 집중하기로 했다.

사람이 현재와 미래를 살지 과거를 살진 않잖아.
우리가 과거를 바꿀 순 없어.
그러나 현재와 미래는 바꿀 수 있어.

이미 일어난, 우리가 바꿀 수 없는 과거 때문에 힘들어하지 말고,
이 상황에서도 어떻게 하면 더 즐겁고 행복한 미래를
만들 수 있을지 고민하자.

나는 왜 아이가
갖고 싶었지?

 세상엔 다양한 형태의 가족이 있고 과학이 발달한 덕에 앞서 의사들이 말한 대로 자연임신이 아니더라도, 내 배가 아니더라도 아이를 갖고 엄마가 되는 것이 불가능한 건 아니었다. 그러나 그 과정적인 측면에서 내가 그리던 일반적인 가족의 모습에서는 분명 멀어지고 있었다.

 아마 내게 때때로 휘몰아치는 답답함의 원인은 매일 마주하는 내 몸에 생긴 수술 흉터도, 아침이면 퉁퉁 붓는 내 손가락도, 시간이 아무리 지나도 욱신거리는 오른 팔목 혈관도 아닌 아이의 문제였을 것이다. 앞으로 내 인생에 있어 아이란 자연스럽게 주어지는 것이 아닌 무거운 선택으로 결정될 변수였기에 이 질문에 분명하게 답할 수 있어야 했다.

'나는 왜 아이를 갖고 싶었지?'

사실 난 사회적 통념 안에 사는 보수적인 사람이었기에 여자는 나이가 차면 결혼해야 하고 결혼하면 애를 낳아야 한다는 걸 당연하게 생각하는 그저 그런 보통의 사람이었다. 그러나 30대에 접어들면서 결혼이란 걸 내가 꼭 하고 싶은지를 스스로 묻게 됐고, 나는 배우자와 함께하는 삶을 살고 싶다고 결정한 후로는 객관적으로 나를 돌아보며 내가 중요하게 생각하는 삶에 대한 가치가 무엇인지를 구체적으로 좁혀 나갔다. 결혼 후의 삶이 그 전보다 훨씬 더 긴 시간이니, 이번 생에서 나와 가장 긴 시간을 한집에서 함께 살, 이제껏 나와는 다른 인생을 살아온 누군가와 함께도 잘 살아내기 위해서는, 나를 잘 알면 알수록, 그래서 어떤 성향의 사람과 어떻게 살고 싶다는 내 생각이 구체적이면 구체적일수록 결혼 생활 중 발생할 수 있는 다양한 충돌을 미리 예방할 수 있다고 생각했기 때문이다. 나는 '내' 삶에서 '우리'의 삶으로 전환해 더 발전적인 부부로 살 준비가 되었다고 생각했고, 각자의 의견을 존중하며 끊임없이 조율하고 협력해야 하는 결혼 생활을 성공적으로 잘 할 수 있을 만큼, 나도 남편도 충분히 성숙하다 자신했다.

 그렇게 준비가 꽤 많이 되었다고 생각했는데도 불구하고 전혀 다른 가족 문화에서 자란 두 사람이 만나 하나가 되는 길, 자신들만의 새로운 가정의 질서와 규칙을 확립해 나가는 결혼이란 쉽지 않다는 걸 깨달았다. 함께하는 삶이 행복한 만큼 이리저리 신경 쓰고 챙겨야 하며 눈치 봐야 할 것이 몇 배로 많아지는 게 결혼이란 과정이었다. 나라는 사람이 가진 주관이나 생각의 기준이 있어도 그 의견들이 수시로 침범당하는 마당에 내가 생각하는 행복에 대한 줏대마저 없었더라면 그 과정은 더 고단했을 것이다.

 그런 중에도 아이에 관해서는 그저 '당연한 순서', 다음 스텝이라고만 생각했을 뿐 한 번도 깊게 생각해 본 적이 없었다. 아이를 만나는 것이 남들과는 많이 다른 상황에 놓이다 보니 그제야 처음으로 스스로 묻게 됐다. '내가 왜 아이를 갖고 싶었지?' 그리고는 이 질문이 사실은 얼마나 중요한 질문인지를 깨달았다. 나를 내려놓고 죽는 날까지 함께할 그 무거운 책임을 시작하는 일에 대해 어떻게 갖고 싶단 생각뿐, '왜'라는 질문을 한 번도 해보지 않았을까? 스스로 부끄럽게 느껴졌다.

내가 이상적으로 생각하던 구체적인 가족의 그림이 있기는 했다. 아주 어려서부터 난 오빠가 갖고 싶었다. 그래서 나 닮은 아들 하나, 남편 닮은 딸 하나 있는 가정이 별 목적 없이 꿈꿔온 내가 생각하는 이상적인 단란한 가족의 형태였다. 내가 꼭 엄마가 되고 싶어서라기보단 그렇게 아이를 낳아 내 기준의 이상적인 가정의 그림을 완성하고 싶었다. 나와 남편을 똑 닮은 아기 천사는 어떻게 생겼을까? 얼마나 예쁠까? 궁금했고, 그 귀여운 짓이 보고 싶었다. 여자 인생에서 임신은 축복이니 그 신비로운 느낌이 어떤 걸지도 궁금했다. 그렇게 빵긋빵긋 웃는 아이를 보며 행복해하는 남편, 말랑말랑 보들보들한 아기 발을 만지며 함께 웃고 장난치는 상상, 나와 그이를 닮은 아이를 보고 장하고 기특하다며 축하하고 행복해하시는 사랑하는 나의 부모님과 시부모님. 나는 그 순간들이 어떤 느낌일지 궁금했고 그런 기적 같은 순간들을 '내가' 만들어 내 인정받고 싶었다. 그냥 그렇게 마냥 좋은 순간들만 생각했다.

난임을 겪으며 괴로워하는 한 여자에게 어느 스님께서 이런 말씀을 하셨다고 한다.

"당신은 왜 아이를 갖고 싶으신가요? 다 당신이 원해서 아닌가요? 모든 것은 다 내 욕심입니다."

지금 생각해 보니 전부 다 나였다. 내가 갖고 싶고 해내고 싶은 것들이었다. 내가 생각한 이상적인 가정의 그림을 갖고 싶어서, 내 유전자가 아깝고 궁금해서, 남편과 부모님이 행복해하는 모습을 보고 싶어서, 시부모님께 인정받고 싶어서, 나는 아이를 원했다.

내가 원했던 건 나와 남편, 그리고 지금 내 가족과의 더 행복한 삶이었다. 더 큰 행복을 욕심냈고 그것을 아이를 통해 얻을 수 있다고 생각했다.

하지만 지금, 이 순간 깨닫는다. 그것이 얼마나 얕은 생각이자 한 인간의 본능적 욕심이었는지를. 멀리 있는 무언가를 통해 더 큰 인정이나 행복을 바라는 것보다 더 중요한 건, 지금 내 앞에 주어진 나 자신부터 제대로 돌보는 것이라는 것을. 행복은 사실 내 안에, 아주 가까이에 있다는 것을 말이다.

남편 말처럼 나는 이미 많은 걸 가졌고 더 이상 갖고 싶은 무언가에 대한 갈망을 멈추기로 했다. 그리고 언제가 됐건 이 질문에 대해 내 욕심이 아닌 곳에서 답을 찾을 수 있을 때까지 아이에 관해서는 더 깊이, 더 충분하게 고민하기로 했다.

인생은 계획대로 되지 않는다

　인생이란 결코 계획대로 되지 않는다는 사실을 서른다섯에 깨달았다는 건 앞으로 내 남은 삶에 있어 큰 이득일지도 모른다. 여전히 많이 남아 있는 젊고 아름다운 날들을 쓸데없는 데에 허비하지 않겠다 굳게 다짐하게 됐으니 말이다.

　특히 남의 말이나 시선을 신경 쓰느라 내 진짜 마음을 포기하고 배신하는 바보 같은 짓은 절대 하지 않기로 했다. 물론 그 범위가 남에게 피해를 주는 일이라면 당연히 안 되겠지만, 그렇지 않은 한, 하고 싶은 일과 하기 싫은 일, 무엇이 됐건 내 의사를 결정하는 데 있어 나부터 내 진짜 의견을 귀

담아들어 주고 존중해 주기로 했다. 특히 하고 싶은 일은 나중으로 미루지 않기로 했다. 생존율이 50%라는 말을 들은 마당에 더 이상 나중으로 미룰 일은 아무것도 없었다.

얼마 전 남프랑스 여행을 다녀오길 얼마나 다행인지 모른다. 코로나로 막혔던 여행길이 뚫리고 결혼 1주년이 지나서야 그간의 억울함이라도 풀 듯 애초에 계획했다 취소해야 했던 신혼여행을 떠날 수 있었다. 돌아오자마자 사흘 만에 지금 이렇게 병원 신세를 지게 될 줄 누가 알았겠나. 수술을 앞두고 남편과도 격리되어 만나지 못하는 답답한 상황에서 내게 유일하게 위로가 됐던 건 꿈처럼 다녀온 여행 추억들뿐이었다.

"우리 여행 너무 좋지 않았어? 우리 좋은 것만 생각하자. 앞으로 다 나으면 다음엔 또 어딜 갈지, 뭘 먹을지. 너도 그것만 생각하면서 잘 버텨줘."

버티기 어려웠던 우울한 날들 동안 남편은 내게 자꾸 좋은 기억과 기대를 불어넣어 주려 애썼다. 다녀온 한참 후에도 난 여행 사진을 자주 들여다봤다. 꼭 그때가 그리워서라기보단, 이후에 일어났던 일들이 너무나 엄청나서, 앞으로 불어닥칠 일을 까맣게 모르고 마냥 행복하게 짓고 있는 순수한 미소가 좋아서, 흩날리는 머릿결이 신기해서, 그냥 그 여행이 내겐 참 많은 버틸 힘이 돼주었다.

어쩐지, 출구 없는 터널 속에서 헤매는 것 같았던 시기 너무 지쳐 어디로든 떠나고 싶더라니. 아마도 내가 그런 기분이 들었던 데에는 다 이유가 있었다는 생각이 든다. 그때 다녀오지 않았다면 일생에 단 한 번뿐인 신혼여행을 언제나 온전한 상태로 떠날 수 있었을까? 아마도 난 두고두고 후회했을 것이다. 나중에 후회해 봤자 누구로부터도 보상받지 못하는 것이 지나버려 억울한 시간인지도 모르고 말이다.

모든 일엔 다 때가 있다. 그때만 느낄 수 있는 감정과 감성, 감각이 있다. 다 나아졌을 때, 더 안전해졌을 때, 더 넉넉해졌을 때. 글쎄, 그렇게 미룰 수도 있겠지. 근데 눈 깜짝하면 10년이 훌쩍 지나 있는 게 우리 인생 아니던가? 마흔이 코앞이니 그렇게 훌쩍 지나버리는 온전한 나의 젊은 시간은 그리 오래 남지 않았다. 다 나아졌을 때, 더 안전해졌을 때를 기다리는 동안 내 정신은 더 피폐해져 갈 것이고 꿈꿔왔던 많은 것들을 포기하게 될 것이다. 그건 내 건강에 절대 좋지 않음이 분명하다. 이런 내 마음을 잘 알아준 남편, 부모님, 동생, 이모 고모 외삼촌 외숙모까지 모두 내게 그때 다녀오길 얼마나 다행이냐 말해주었고, 내겐 그 말들이 또 깊은 위로가 되었다.

놓쳐버린 시간은 그 어떤 것으로도 보상받을 수 없다.
난 해방되고 싶었다.

하고 싶은 일은
나중으로 미루지 않기로 했다.

놓쳐버린 시간은 그 어떤 것으로도 보상받을 수 없다.
난 해방되고 싶었나.

아프면서 경멸하게 된,
내 시간에 대한 간섭

이런 과정을 겪으며 경멸하게 된 말이 있다.

"네가 지금 그럴 때니?"

 물론 이런 말은 대부분 부모님이나 선생님 등 나보다 먼저 살아본 어른들이 내가 잘되길 바라는 마음에서 하는 말이다. 어린 미성년자는 그 시기가 앞으로의 인생을 얼마나 좌우하는지 잘 판단하지 못할 거로 생각하기 때문에, 그리고 그게 좋은 길잡이가 돼주어야 하는 부모나 선생의 책임이기도 하기 때문이라 친다고 하더라도 성인을 향한 이런 말은 선 넘는 간섭에 불과하다.

각자 한 번씩뿐인 유일한 인생 경험이 어떻게 남의 때를 논하는 보편적 잣대가 될 수 있단 말인가? 하물며 시간이란 타인이 터치할 수 없는 유일한 나만의 공간인데, 어른들은 종종 본인의 생각을 토대로 남의 시간의 영역까지 침범해 스스럼없이 충고하고 가르치려 들어 불편한 감정을 남긴다.

내 시간을 어떻게 보낼지를 결정하는 것은 어디까지나 온전한 내 자유이자 권리다. 이전에도 나는 내 시간과 자율적 결정을 제지당하는 걸 극도로 싫어했다. 그리고 갑작스레 앞으로 내 생존율이 50%로 떨어졌다는 말을 듣고는 싫은 정도를 넘어 경멸하게 되었다. 그 말이 얼마나 무책임한 말인지 알게 됐기 때문이다.

시간이란 남이 함부로 충고하거나 통제하려 들 수 있는 영역이 아니다. 내가 일할 때인지 쉴 때인지, 공부할 때인지 놀 때인지, 결혼을 하는 게 좋은지 안 하는 게 좋은지, 한다면 일찍 하는 게 좋은지 늦게 하는 게 좋은지, 아이를 낳는 게 좋은지 안 낳는 게 좋은지, 낳는다면 빨리 낳는 게 좋은지 늦게 낳는 게 좋은지 등. 내 삶의 중요한 타이밍에 대한 결정권은 오로지 나에게 있다. 자기 경험이 좋았다고 해서 상대에게도 반드시 좋으리란 법은 없다. 내 미래를 당신들이 알 수 없지 않은가? 젊었을 땐 그래야 한다고 해서 죽어라 공부하고 일만 했는데 갑자기 살날이 얼마 안 남았다고 한다면, 빨리 결혼하라 애 낳으라 해서 그랬는데 내 삶이 이전보다 훨씬 불행해진다면. 당신 말이 틀렸으니 내 소중한 시간을 되돌려 줄 수 있는가? 이러한 문제들은 남이 대신 살아주거나 책임져 줄 수 있는 영역이 아니기 때문에, 결정권도 책임도 나에게 있어야 하고 그 결정은 당연히 존중되어야 마땅하다. 한 번뿐인 내 인생이기 때문이다.

타인의 간섭에 거부감이 먼저 드는 건 인간의 중요한 본능적 욕구 중 하나인 자율성이 침해당했다 느끼기 때문이다. 사람들은 내가 주체가 되어 삶의 주도권을 갖고 싶어 하며 그것은 당연한 권리임에도 불구하고, 실제론 꽤 많은 상황에서 정당한 이 권리를 쉽게 침해당하는 불편한 상황에 놓이곤 한다. 하지만 지금이 때가 아니면, 그럼 그 나중이란 시간은 그대들이 장담해 줄 수 있는가? 그래서 그 장담했던 시간이 허락되지 않는다면, 그럼 그때 나의 억울함은 무엇으로 보상해 줄 수 있는가?

지나가 버린 내 시간은 다시는 돌아오지 않는다. 그리고 그 소중한 시간은 그 무엇으로도 보상받지 못한다. 이 사실을 내 모든 세포로 깨달은 순간 나는 화가 치밀어 올랐다.

내가 의견을 구하지 않는 내 시간과 결정에 대한 타인의 의견 개진은 조언이 아니라 무책임한 훈수다. 나를 위해서라는 말을 가장한 당신의 마음을 더 우선시하는 이기적인 부담 주기이자 선 넘는 간섭이다.

인생에 정답은 없다. 그렇기에 누구에게도 남에게 이래라저래라 선택을 강요하거나 박탈할 권리도, 타인의 삶을 내 기준의 잣대로 마음대로 판단할 권리도 없다. 그게 설혹 가족일지라도 말이다. 때라는 건 개인이 살아가는 시대적 환경, 상황이나 가치관에 따라 모두 다른 것이기에 타인이 충고하거나 더더군다나 간섭할 수 있는 영역이 아니다.

우리는 모두 자신의 인생을 설계할 권리가 있다. 우리는 내 시간을 어떻게 보낼지 스스로 선택할 수 있어야 하고 그 선택은 존중받아야 마땅하다. 그리고 그 선택에 대한 책임도 함께 져야 한다. 그래야 누군가를 원망하며 후회하지 않을 수 있고, 그래야 책임져 줄 수 없는 누군가의 원망을 듣지 않을 수 있다. 직장 상사나, 학교 선생님 등 수많은 사회의 '어른들', 또는 부모님일지라도 내 시간에 대한 충고는 명백한 월권이다. 향후 10년 계획, 5년 계획, 심지어는 1년 365일의 시간을 어떻게 보낼지에 대한 밸런스는 내가 결정할 내 문제다.

생존율에 관한 이야기를 들은 후부터 진짜로 나에게 시간이 얼마 남지 않았을까 봐, 어쩔 수 없이 순간순간 조급하고 불안한 마음이 깃들게 된 내가 안쓰러웠다. 그래서 이제부터라도 내 마음은 내가 더 지켜주기로 했다. 내가 겪은 일, 나만 아는 마음이니 다른 사람은 이해해 주지 못하더라도, 내 마음은 나부터 더 존중해 주기로 했다. 그러기 위해 우선 내가 진짜 하고 싶었던 것들을 일기장에 적었다. 그리고 그것들을 내 남은 30대에 최대한 많이 하기로 했다. 인생은 원래 계획대로 되는 것이 아니니 너무 먼 계획은 세우지 않기로 했다. 대신 5년, 딱 그 5년 정도씩만 연장해 가 보기로 했다.

지나가 버린 내 시간은
다시는 돌아오시 않는다.

그리고 그 소중한 시간은
그 무엇으로도 보상받지 못한다.

Chapter 2.

우리 가족 모두의
예쁜 딸인 가영아

버팀목이 되어 나를 들어 올려준 사람들,
나를 버티게 한 건 진짜인 가족의 힘이었다.

다시 태어나도
우리 엄마 딸이 되고 싶다

그간 있었던 일들과 감정을 어찌 이 몇 페이지로 요약할 수 있겠는가? 그저 '내가 정말 복이 많다. 그러니 힘을 내야 한다.' 하고 이 힘든 상황을 잘 버틸 수 있었던 건 가족의 힘이었다.

나는 가족을 위해서라면 이 한 몸 불사를 수 있다 생각하며 살았던 순간이 많았다. 가족 없이 혼자 사는 건 내겐 의미 없었기 때문이다. 그만큼 가족 의존적인 사람이기도 했고 그들을 많이 사랑했다.

내가 정말 많이 사랑하는 사람들이었기에, 힘들어하는 모습을 가장 보이고 싶지 않았다. 치료받으면서도 이 사람들이 아닌 내가 아프길 얼마나 다행이라 생각했는지, 입 밖으로도 몇 번이나 "나아서 정말 다행"이라는 말을 많이 했는지 모른다. 나는 참는 건 잘하는 사람이니 내가 아픈 건 얼마든지 견딜 수 있었다. 그러나 사랑하는 사람이 아픈 모습을 보는 게 내겐 훨씬 더 견디기 어려운 일이었을 것이다.

그중에서도 가장 아팠을 사람, 늘 본인이 대신 아파해 주지 못해 미안하다는 표정으로 내 옆을 지켜준 사람, 내가 정말 이런 모습을 가장 보이고 싶지 않은 사람이었지만 어쩌면 이런 모습을 보일 수 있었던 유일한 사람이 엄마였다. 수술 후 몸에 줄을 열 개도 넘게 달고 있으면서도 애써 웃으며 병실로 올라온 내 모습을 떠올리면 엄마는 아직도 가슴이 미어진다고 말한다. 딸이 엄마를 간호하는 것이 아니라 엄마가 딸을 병간호하는 상황이 먼저 생기다니. 엄마에게 정말 미안했다.

9시간 동안 본인도 해본 적 없는 큰 수술을 하는 딸을 기다리는 시간이 엄마에겐 얼마나 고통스럽고 긴 시간이었을까. 당시엔 너무 정신없어 몰랐는데, 나중에 언젠가 동생과 병원에 갔다가 이야기를 들었다. "저기 저 의자에서 언니 수술할 때 엄마랑 아줌마랑 형부랑 앉아서 얘기하고 있었어." 그때 그 벤치를 보며 엄마 마음을 상상해 본 적이 있다. 내가 잠들어 있던 그 시간, 그 1분 1초가 엄마에겐 나보다 훨씬 더 찢기는 고통이었겠지. 수술 시간 동안 엄마 곁을 지켜준 엄마의 어릴 적 친구 아줌마와 남편에게 감사함을 전하고 싶다.

내가 이런 마음이 드는 건 엄마가 내게 늘 그런 사람이 돼주었기 때문이다. 내게 엄마는 든든한 세상이었고 우주였다. 내게 엄마가 필요했던 모든 순간 엄마는 늘 그 자리에 있었다. 엄마는 항상 자신보다 자식인 우리를 먼저 배려하고 생각한다는 걸 자라는 내내 느낄 수 있었다. 모든 엄마가 그러는 당연함이 아니란 걸 알기에 늘 엄마가 고마웠고, 그만큼 엄마가 좋았다.

다양한 경험의 축적을 통해 유대가 형성되는 하나의 '관계'라는 관점에서 봤을 때, 내리사랑이라고는 하나 부모-자식도 결국 주고받는 하나의 상호적 인간관계다. 수많은 인간관계 중 어쩌면 가장 길고 깊은, 또 복잡한 관계가 부모-자식 관계가 아닐까? 태어나면서부터 선택 없이 주어지는 부모와의 관계를 통해 우리는 첫 인간관계와 사회를 배우기 시작하고, 부모의 눈빛, 말투, 행동 모든 것을 보고 자라 상대에 영향을 끼치는 사회적 인간이 된다.

자식을 향한 부모의 헌신이나 부모를 향한 자식의 공경 그 어떤 것도 결코 당연한 건 아니다. 내가 부모로부터 받은 사랑과 경험이 축적되어 나의 마음이 움직이면, 자연스럽게 부모를 향한 나의 마음도 형성되는 것이다.

엄마는 하는 모든 행동, 마음 씀씀이가 착하고 사랑스러운 사람이다. 언뜻 보면 여전히 부잣집 막내딸티를 못 벗은 소녀지만 그만큼 사랑을 많이 받고 자란 사람 특유의 따뜻하고 깊은 마음을 지녔다. 웃는 얼굴이 특히나 맑은 엄마는 남에 대해 함부로 얘기하는 법이 없었고, 잘 배운 사람답게 언제나 좋은 말로 상대를 존중하며 언행에 주의를 기하는 교양 있는 사람이다.

그녀는 나에게 좋은 어른의 해답과 지혜를 알려주는 똑똑하고 현명한 엄마이자, 남편이 위기에 처할 때면 누구보다 먼저 남편의 편에 서서 든든한 버팀목이 되어주는 강인한 아내다. 나는 엄마를 보며 안사람의 지혜와 현명함이 화목하고 행복한 가정을 만든다는 걸 배웠다. 아빠도 종종 엄마를 만난 것이 자신의 인생에 가장 큰 복이라 말했고, 남편 역시 내게 장모님을 닮으라는 말을 자주 할 만큼, 엄마는 한 여자로서도 아내로서도 본받을 점이 많은 사람이다.

나는 센스 있고 높은 안목의 소유자이며 마음씨 곱고 지혜로운, 그러면서도 야무지고 단단한 내공을 가진 엄마를 닮고 싶었고, 존경했다. 그리고 늘 엄마 같은 엄마가 되고 싶었다. 사이좋은 부모와 화목한 가정은 자녀에게 대물림되는 최고의 유산이라고 한다. 내가 화목하고 따스한 가정의 울타리 안에서 자랄 수 있었던 건 엄마의 희생과 인내, 노력 덕분이었다는 걸 잘 알기에 그런 엄마를 가졌다는 사실이 늘 감사했다.

엄마가 만들어 준 세상이 너무 행복하고 좋았기에 나도 내 아이에게 그런 세상을 만들어 주고 싶었다. 맞다, 내가 아이를 갖고 싶었던 건 내가 자란 화목한 가정이 좋았고, 엄마가 내게 준 사랑이 특별했기 때문이다. 엄마는 단 한 번도 내게 어른답지 않은 행동으로 불편한 감정을 느끼게 하지 않았고 치사하지 않았다. 내가 과연 엄마 같은 엄마가 될 수 있을까? 엄마의 반만큼이라도 할 수 있다면, 난 성공이라 생각했다.

엄마는 내가 굳이 말로 설명하지 않아도 세상에서 내 마음을 가장 잘 알아주는 사람이기도 하다. 병원에 엄마와 함께 단둘이 격리되어 있었던 그 며칠, 엄마와 난 많은 이야기를 나눴다. 선생님이 방에 다녀가신 다음 날, 새벽 6시쯤 됐을까, 잠을 제대로 잘 수가 없어 뒤척이다 눈을 떴는데 엄마는 잠을 아예 자지 못한 것인지 가뜩이나 불편할 보호자 침대에서 벌써 일어나 앉아 떠오르는 해를 보며 멍하니 창밖을 바라보고 있었다.

"왜 더 자지, 벌써 일어났어?"

내 인기척을 듣고는 엄마가 고개를 돌려 나를 봤다. 그리고는 내 좁은 병실 침대로 올라와 내 옆에 같이 누워 나를 꼭 껴안았다.

"엄마는 가영이 없었으면 정말 살기 힘들었을 텐데. 우리 가영이가 아기 때부터 엄마 친구 해주고…. 엄마는 가영이 때문에 살 수 있었어. 엄마가 어릴 때 가영이 혼내고 그래서 미안해? 엄마가 너무 일찍 결혼하고 엄마도 엄마가 처음이라 세상 물정을 너무 몰랐어…."

엄마는 갑자기 어렸을 때 나를 혼내던 때가 떠오른 건지 내게 미안하다고 말했다. 자식이 아프다니 그게 꼭 자신 탓인 것만 같은 부모 마음이었을 것이다.

어쩌면 어렸을 적 내 안 아주 깊숙한 곳 어딘가엔 엄마에 대한 불만이 조금 있었을지도 모른다. 나는 엄마 말을 잘 들는 딸이었다. 내가 하고 싶은 것이 있어도 엄마가 안 된다고 하면 속에선 화가 잔뜩 나더라도 결국엔 엄마 말을 따랐다. 그 나이에 하고 싶은 것과 해야 하는 것이 있었다면 난 하고 싶은 것은 뒤로하고 엄마가 해야 한다고 말한 것을 택했다. 공부도 묵묵히 열심히 했고 엄마 돈 쓰는 것도 미안해 사고 싶은 것이 있어도 참았다. 그러나 엄마를 생각해서 내 행동에 제약을 가했던 노력은 몰라주고 나에겐 박했던 것들이 동생에겐 더 관대하게 느껴졌을 땐 불공평하단 생각에 억울한 마음이 들었다. 그렇지만 이렇게 이런 식으로 엄마가 미안한 마음을 갖길 바란 건 아니었다. 엄마는 내게 다시 태어나도 엄마 딸이 되고픈 세상 최고의 엄마다.

"이게 왜 엄마 탓이야." 버럭 화가 났다. 자식이 아픈 것만으로도 속상할 텐데 자책까지 하는 건 정말 싫었다. 이건 엄마 잘못이 아니다. 엄마는 내가 아기 때부터 매끼 생선 한 토막씩 꼬박꼬박 직접 먹이며 누구보다도 나를 건강하게 키웠다.

"내 몸 관리는 내가 더 잘했어야지…. 엄마가 잘못한 게 아닌데 왜…."

엄마와 살 때 크게 아픈 적 한번 없이 고이고이 최선을 다해 예쁘게 키워 시집 보내고 이제 한시름 놓는가 싶었을 텐데, 집 떠난 지 얼마 되지도 않아 이런 모습으로 엄마 품으로 돌아온 게 나는 오히려 미안했다.

"세상에 엄마 같은 엄마가 어딨다고…. 내가 아무리 봐도 엄마 같은 엄마는 이 세상에 없어."
"고마워 그렇게 얘기해 줘서? 아무래도 가영이는 엄마의 베스트 프렌드로 하늘에서 보내주셨나 봐. 엄마가 잘해줄게?" 엄마는 그렁그렁한 눈으로 나를 꼭 끌어안았다.

"엄마가 기영이 잘 고쳐서 아기 하나 안겨서 준상이랑 행복하게 사는 모습 꼭 보고 싶었는데…. 준상이랑 잉꼬처럼 즐겁게 살아. 부부가 너무 사이좋으면 하나님이 샘나서 아기도 안 보내주신다잖아."
"그럴게. 나 오빠랑 사이좋게, 즐겁게 행복하게 잘 살게. 엄마, 사랑해."

즐겁게만 살라는 말, 나를 소중히 여기는 친정엄마만이 전할 수 있는 말이었다.

"엄마도 가영이 너무너무 사랑해."
"엄마랑 아빠 꼭 오래오래 내 옆에 있어줘. 아니면 내가 너무 오랫동안 외롭고 힘들 거 같아…."

"그래 그렇게. 엄마가 아빠랑 건강관리 열심히 해서 오래오래 가영이 옆에 있을게."

 자신의 소중한 것들을 기꺼이 내어주고 원하는 것들을 기꺼이 포기할 수 있는 것, 나는 그게 진짜 배려이자 사랑인 것 같다. 나를 위해 기꺼이 모든 걸 내어주고 포기할 수 있는 사람은 세상에 아마 엄마라는 존재밖에 없지 않을까. 나는 다시 태어나도 우리 엄마 딸이 되고 싶다.

자신의 소중한 것들을 기꺼이 내어주고 원하는 것들을
기꺼이 포기할 수 있는 것,

나는 그게 진짜 배려이자 사랑인 것 같다.

남의 편이 아닌,
완전한 내 편이 되어준 남편

10월 14일. 지금 일기장에 쓰여 있는 날짜를 보고 알았다. 이날은 남편과 내가 소개팅을 한 번 했다 헤어지고 3년 만에 다시 만난 날이다. 2년 후 이런 일을 함께 겪고 있을 거라곤 생각지도 못했을 해맑은 그때 우리의 모습이 생각나 잠시 웃었다.

남편은 좋은 사람이다. 어렸을 적 내 이상형이었던 남자다운 카리스마형은 아니지만, 장난기 많고 세심하며 무심한 척 챙겨주는 자상한 츤데레다. 이런 일을 겪으며 난 배우자 복이 참 크다는 걸 깨달았다.

내가 입원하고 수술이 결정되자 남편은 병원에 있는 동안 우울하고 심란할 내 마음을 생각해 노트북 하나를 사서 보냈다. 글쓰기를 좋아하니 지금 쓰고 싶은 것들을 쏟아내면 힘들고 답답한 마음이 좀 나아질까 싶었단다. 참 사려 깊은 사람, 고마웠다.

전해 받은 새 노트북 안에는 두 개의 폴더가 있었다. 하나에는 내가 응급실로 들어오기 전 둘이 함께 보기 시작한 드라마의 후속편들이, 두 번째에는 결혼식 날 남편이 깜짝 이벤트로 불러준 축가를 나 몰래 연습하러 다닐 때 찍어뒀던 영상들이었다. 글을 쓰면 다친 마음을 치유하는 데 도움이 될까 싶어 노트북을 선물로 골랐다는 것도 감동이었는데 이걸 다 생각해서 하나하나 직접 넣어 보냈다니, 폴더를 열자마자 울컥했다. 결혼 후에도 창피하다며 절대 보여주지 않던 영상들이었는데, 이런 상황에서 홀로 보게 될 줄은 몰랐다. 그 마음이 정말 고맙고 남편이 너무 보고 싶어 영상을 계속 돌려보며 많이 울었다.

긴장하면서도 들떠 있는 새신랑의 순수한 모습이 너무 예뻤다. 내겐 세상에서 가장 감동적인 「너의 모든 순간」이었다.

수술 전 보호자 교대로 그리웠던 남편을 잠시 만날 수 있었다. 조심스럽게 문을 열고 들어선 그의 눈은 겨우겨우 눈물을 참고 있었다는 듯 새빨갛게 충혈돼 있었다. 그리곤 내 얼굴을 보자마자 한걸음에 달려와 부둥켜안고 엉엉 울었다. 슬픈 로맨스 영화 속 한 장면 같은 순간이었지만 본인이 눈물을 참지 못할 거라 이미 예상하고 눈물 닦을 용으로 내가 집에서 쓰던 조그만 페이스 타올 하나를 손에 꼭 쥐어 챙겨 온 걸 보고는 너무 내 남편다워 피식 웃음이 났다.

"잘 이겨내야 한다." 내 두 손을 꼭 잡은 남편이 말했다.

"걱정은 내가 다 대신해 줄 테니까, 너는 '괜찮겠지, 괜찮겠지.'만 생각해. '아이 짜증 나!' 하다가, '에이 몰라!' 하다가. 정가영답게. 응?"

"왜 이런 일이 나한테 생겼을까. 나 정말 바르게 살았다고 생각했는데…." 남편이 건넨 말에 씩씩하던 난 금세 아이가 됐다.

"이건 자기한테만 생긴 일이 아니야. 우리에게 일어난 우리의 일이야. 우리 모두에게 생긴 일이야. 그런데 자기가 우리 중에 제일 씩씩하니까, 그래서 자기가 대표로 겪게 하셨나 봐. 그러니까 우리 모두 힘 합쳐서 잘 이겨내 보자. 내가 약속 조정해서 평생 일주일에 두 번씩은 꼭 놀아준다! 약속!"

 이런 일이 있을 때 너의 일이 아닌 '우리의 일'이라고 이렇게 진심을 담아 말해줄 수 있는 사람이 세상에 몇이나 될까? 충분히 나 때문에 본인이 피해 본다 생각할 수도 있었을 텐데 남편은 단 한 번도 그렇게 생각하지 않았다. 지금 내 마음이 어떤지, 이 고통을 알아주는 이가 옆에 있다는 사실, 그가 건넨 따뜻한 말만으로도 터질 것 같이 답답했던 마음이 한결 가벼워졌다.

 결혼 전 한 번도 크게 다툰 적 없었던 우린 사실 결혼 후 많이 다퉜다. 결혼식 열흘 전 박사 논문 첫 심사를 받은 나는 결혼 후 첫 몇 달을 논문에만 매달렸다. 물론 내 욕심이었고 내 선택이었지만 둘 다 잘 해내고 싶었고, 지금이 아니면 그간의 고생을 제대로 마무리 지을 수 없을 것 같았다. 그러나 모든 것이 새로운 환경 변화인 결혼 생활의 시작과 논문 심사를 함께 받는 게 생각보다 쉽지 않았다.

 친정에 있을 땐 내 시간에 맞춰 내 할 일인 공부만 열심히 하면 됐는데, 결혼하고 보니 매일매일 먹고 치우는 살림 말고도 출근하는 남편 배웅부터 시작해 번외로 챙기고 신경 써야 할 것들이 너무 많았다. 그야말로 '먹고사는 게' 쉽지 않아졌다. 살림이란 해도 해도 끝이 없었고 티도 안 났다. 충분히 자고 집중할 시간에 바짝 집중해야 하는 내 루틴이 완전히 깨져버렸다. 잠에 대한 권리까지 눈치 보일 지경이었다. 금방 끝날 줄 알았던 논문 심사까지 예상보다 길어져 지쳐가는 상황에서도 천신만고 끝에 박사 학위를 받았고, 그걸 다 잘 해냈을 땐 고생한 마음을 충분히 인정받고 싶었다. 말뿐일지라도 상관없었다. 겪어보지 않은 사람은 절대 모를 테지만, 나에겐 어려운 일이었던 그 고충을 알아주고 이해받는 과정이 정말 필요했다. 예기치 못하게 누군가로부터 정말 고생했다는 말을 들을 때면 눈물이 핑 돌게 값졌다. 그런데 논문을 다 쓰고 나니 오히려 남편과는 그간 없었던 다툼이 잦아졌다.

결혼 전엔 몰랐는데, 사업으로 바쁜 남편은 결혼해서 주말 연이틀을 온전히 나와 함께 보낸 적이 거의 없을 만큼 매일같이 일 약속, 술 약속이 많은 사람이었다. 골프 약속 있는 날엔 새벽같이 나가 열두 시간이 훌쩍 넘어 귀가하는 날도 많았다. 논문만 끝나면 즐거운 신혼이 시작될 거란 믿음으로 외롭고 힘들었던 과정을 최선을 다해 버텼는데, 평생 꿈꿔온 신혼의 즐거움을 잠시나마 보상받고 싶었을 뿐인데, 그 기대감이 그에겐 부담이었는지 어떤 말끝에 내 논문에 대해 '그건 네 일'이라 한 그의 한마디가 두고두고 섭섭했다.

내가 상상했던 신혼의 모습과는 달랐지만 그래도 가장으로서 성실하고 믿음직스러운 남편이 고맙고 안쓰러웠다. 외향적이지도 않은 사람이 매일같이 밖에서 늦게까지 남 맞추는 일이 얼마나 힘들었을까 싶은 마음이 들어 들어오면 따뜻하게 맞아줘야지 마음먹고 있다가도, 취해 들어오면 시비조가 심해지는 남편에 참아지지 않는 날엔 둘 다 곤두서 종종 말다툼으로 번지는 예상치 못한 상황들이 발생했다. 남편에겐 누구보다 배우자에게 인정받고 싶은 마음에서 나온 말들이었을 테지만, 밖에서 사람들 맞추느라, 힘들게 일하느라, 그런데 그게 나한테 부리는 짜증이 됐을 땐 생전 처음 느껴보는 가족 내 갑질처럼 느껴졌다. 그리고 그럴 때면 가족으로써 그를 이해하려던 마음이 싹 사라졌다.

행복한 결혼생활을 위해 내가 가장 중요하게 생각했던 가치는 분명했다. 서로를 존중하는 마음이었다. 설사 그 어떤 일이 억만금을 가져다준대도 마음에 생채기 내는 이유 모를 말들까지 듣고 싶진 않았다. 우린 결혼한 지 1년도 채 되지 않았고, 난 남편에게 그 일을 하라고 등 떠밀지 않았다. 어디에서 오는 스트레스를 왜 나한테 푸는 것인지 당황스러웠다. 당신이 내 논문에 대해 그건 네 일이라고 했듯, 그럼 그것도 당신이 감당해야 할 당신 일이라고 말했다. 내 일엔 그렇게 얘기해 놓고 돈 벌어오는 일이니 내가 그 짜증까지도 당연히 이해해 줘야 한다는 식으로 느껴져 불쾌했다. 반복되는 이런 일로 나는 많이 지쳐갔다.

남편은 싫은 것도 많았다. 평소 맛있는 요리도 잘해주고 툴툴거리면서도 결국은 세심하게 잘 챙겨주는 장점이 많은 사람이지만, 익숙한 것을 벗어나는 걸 싫어했고, 본인이 잘하고 편한 것, 하고 싶은 것만 하려는 의견표현이 너무 강했다. 연애 때와는 정반대로 둘이 보내는 시간에 대한 계획은 절대 다수적으로 내가 먼저 제안해야 했고, 그마저도 흔쾌히 "그래!" 하기보다 뜨뜻미지근한 반응이거나 마치 회사 결제하는 사람처럼 싫다는 반응을 거리낌 없이 내비칠 때면 무안하고 당황스러웠다. 사람으로서 나에 대한 예의가 너무 없다고 느껴졌다. 남편에게 내 의견이 존중받지 못한다는 느낌이 들 때 화가 났고, 그냥 좀 맞춰주면 안 되냐는 말이 가장 이해가 안 됐다. 그리고 그런 패턴이 반복될수록 나는 그에 대한 기대를, 기대했던 그와의 소소한 일상을 하나둘 포기하기 시작했다.

남편에겐 특별한 날을 기념하는 게 익숙하지 않았다. 평생 혼자가 아닌 둘이라 더 충만한 삶일 거라 기대하며 결혼했는데, 아이러니하게도 결혼해 처음 맞는 연말 새해 카운트다운이 내겐 태어나 처음으로 혼자 보내게 된 새해맞이가 되었고,

발렌타인데이도 다퉈 서로 말 한마디 나누지 않은 채 지나가 버렸다. 퉁명스러운 그의 말투는 상처가 됐고, 나와 함께 하는 시간이 그에겐 귀찮기만 한 숙제인 것처럼 느껴졌다. 치열하게 행복해지고 싶었는데, 그걸 포기하기 시작한 마음이 이렇게나 일찍 들었다는 게 슬펐다. 그에게 나는 뭘까? 내 의견은 그에게 가장 후 순위인 것처럼 느껴졌고, 매일 기다리기만 하는 처지가 된 내가 한심했다.

그렇게 다툴 때마다 진심으로 궁금했던 질문을 수술을 하루 앞두고 남편과 마주한 그날 그에게 물었다.

"나 얼마나 사랑해?"
"정가영 없으면 못 살지…. 빨리 와서 나 괴롭혀라. 가영 없으니까 나 심심하다."

결혼 전엔 우린 이제 한 팀이라고 해놓고, 막상 결혼하니 그렇게 서로 내 일, 네 일 하며 쌓였던 설움이 지금 이렇게 환자복을 입고 있는 내게 남편이 건넨 '우리의 일'이란 한마디에 녹아내리며 북받쳤다. 그리고 지금, 이 순간, 나를 위해 이렇게 마음 아파해 주는 사람이 내 남편이란 사실이 다행이고 감사했다.

서로 다른 가족 문화에 살던 두 사람이 만나 부부의 연을 맺고 독립된 한 가정으로서 '우리'라는 한 팀이 되기까지 대부분 사람은 수년간 시행착오를 겪는다고 한다. 사실은 부부가 조금만 더 빠르게 한 팀이 될 수 있다면 결혼 생활의 많은 갈등이 훨씬 더 줄어들 텐데 말이다.

결혼 전, 친구에게 물어본 적이 있다. "결혼하면 좋아?"

"결혼은 좋은데, 결혼제도는 싫어."

그땐 그 말을 잘 이해하지 못했지만, 이젠 안다.

둘이 되는 것이 좋아 결혼했는데, 우리나라에서의 결혼이란 부부 두 사람만 생각할 수 없는 상황들이 본의 아니게 많이 생긴다. 당연히 나와 당신 둘이 결정해야 할 문제라고 생각했던 사안들이 그렇지 않은 상황으로 전개될 땐 이해되지 않았고 불편했다. 나에 대한 존중보다 우선시되는 것들이 있다고 느껴질 때면 소외감에 서운해졌다. 결혼이란 게 좋은 한 가지가 언제나 내 편이 되어주는 사람을 곁에 두게 되었다는 점이라 생각했는데 말이다.

지금 생각하면 그저 사랑하는 사람에게 더 먼저, 더 많이 이해받고 싶고, 평생 제일 예뻐하고 아껴주겠다고, 당신만 믿으란 말 믿고 결혼했으니 어떤 순간에도 내 편이 되어주길 바라는, 결국 좋아하는 마음 때문에 생기는 아이 같은 작은 욕심일 뿐인데, 때론 좋아해서 나오는 이런 마음들이 다툼의 화근이 될 때가 많다. 그러나 서로의 존재마저도 당연하지 않다는 사실을 직면하며 내 편과 남의 편 사이 그 어딘가에 머물던 남편에 대한 미묘한 불안들이 조금씩 걷히기 시작했다.

우린 분명 남들보다 조금은 더 빠르게 끈끈한 한 팀이 되어가고 있었다. 내 마음을 100% 다 이해해 주지 못하더라도, 내 의견에 동의해 주지 않더라도, 속상해서 화는 날지언정 더 이상 그게 남처럼 느껴져 서운함으로만 남을 것 같진 않다. 나를 잃을 수도 있다는 상황에서 남편이 보여준 든든한 모습은 그에 대한 신뢰로 변모했기 때문이다. 앞으로 우리에게 또 어떤 고비가 오더라도 그에겐 누구보다 내가 먼저일 것이며, 나와 함께 행복하기 위함이 그에서도 최우선 순위일 거란 믿음이 그제야 비로소 생겼다.

제발 살게 해달라고 기도했다

암인 걸 알고 치료받다 전이되어 수술에 이르기까지 이 모든 과정이 6개월도 채 안 돼 벌어진 일이었으니 갑작스러운 변화들과 그 준비되지 않음이 특히나 변화를 두려워하는 내겐 버겁고 무서웠다. 엄마와 헤어져 수술실 문이 닫히고 나서야 난 무너지는 마음에 그동안 씩씩한 척 참았던 마음을 내려놓고 한참을 울었다. 수술을 위해선 머리를 양 갈래로 땋고 가야 했는데, 휠체어에 앉아 삐삐 머리를 하고 아이처럼 울고 있는 내 모습이 내 휠체어를 밀고 들어온 간호사 눈에도 안쓰러워 보였는지, 나를 곧바로 수술실로 넘기지 않고 대기실에 서서 내 눈물이 그칠 때까지 옆에서 묵묵히 기다려 주셨다.

오후 2시경 시작한 수술이 밤 11시가 다 돼서야 끝났다. 수술은 아주 잘되었다. 다행히 한쪽 난소는 매우 깨끗하게 온전했고, 다른 곳으로 더 전이도 발견되지 않아 수술로 몸속 암세포를 전부 다 깨끗이 제거할 수 있었다. 나는 젊은 환자인 데다 첫 수술이라 출혈이 많을 것이 예상돼 수술 후 중환자실에서 경과를 본 후 다음 날 병실로 올라가게 될 거라 안내받았었다. 그러나 다행히 예상했던 것 보다 출혈이 많지 않았는지 수술 후 바로 병실로 올라가겠느냐는 선택권이 주어졌다. 나는 중환자실에 하룻밤 머물겠다 했다. 엄마가 너무 보고 싶었고 홀로 기다릴 엄마가 걱정됐지만, 이 모습을 바로 엄마에게 보이고 싶지 않았다. 엄마를 마음 아프게 하고 싶지 않았다.

수술 직후 중환자실에서의 첫날 밤, 통증이 몹시 심했다. 병실로 바로 올라가지 않길 다행이라고 생각했다. 난생 첫 수술 마취에서 깬 쇼크 때문인지 옆에 있는 누군가에게 지금이 제일 아픈 게 맞느냐고 지독하게도 여러 번 물었다. 난 주문을 외듯 엄마와 남편 이름을 번갈아 부르며 아픔을 참았다. 그리고 신께 간절히 기도했다. '제발 살게 해달라고. 제발 이 고통이 빨리 지나가게 해달라고.' 그러다 보니 거짓말처럼 통증이 차츰 나아지는 게 느껴졌다. 그리곤 어느새 잠이 들었다.

시간이 얼마나 지났을까, 잠시 후 살며시 커튼을 열고 주치의 선생님이 들어오셨다. 나를 따스한 엄마의 눈으로 바라봐 주시던 그 미소가 생각난다. 한 인간이 삶과 죽음을 넘나드는 절박한 상황에서 붙잡을 끈이란 오직 의사밖에 없다는 걸, 그 감사함과 무게감을 세상의 모든 의사분이 기억해 주셨으면 좋겠다.

교수님은 수술이 아주아주 만족스러웠다고 하셨다. 집도의가 기쁜 마음으로 '만족'이라는 단어를 꺼낸 건 아마도 내 몸속에 암세포는 더 이상 남아 있지 않은 게 분명해 보였다. 그러자 엄마와 남편이 너무 보고 싶어졌다.

병실에서 홀로 외로울 엄마가 걱정됐다. 수술이 잘되었단 얘기를 들었을 테니 안심은 했어도 딸 수술로 입원실을 홀로 지켜야 하는 엄마 마음이 오죽했을까.

내가 있었던 중환자실은 베드 하나 겨우 들어가는 작은 1인실 밖으로 커튼을 치고 의료진이 상시 대기하는 식이었다. 시간마다 커튼을 열고 어두컴컴한 방으로 들어와 내 상태를 확인하는 의사에게 혹시 통화가 가능한지 물었다. 수신은 안 되고 병원 전화로 발신 통화만 짧게 가능하다고 해 엄마에게 전화를 걸어달라 부탁했다. 넘겨받은 전화엔 반가운 엄마 목소리였다. 하루도 채 지나지 않았음에도 몇 년 만에 듣는 엄마 목소리처럼 반가웠다.

"가영아, 엄마야. 괜찮아? 선생님 오셨다 가셨어. 다 잘되었대, 이제 다 괜찮대!"
"엄마 나야! 나 괜찮아! 생각보다 출혈도 없어서 병실 바로 올라가도 되는 건데 내가 그냥 오늘 밤은 여기 있겠다고 했어. 내일 오전에 올라갈게, 엄마. 아무 걱정하지 말고 오늘 푹 자!"

나는 전투에서 이기고 돌아온 장수처럼 들떠 자랑스럽게 얘기했다. 내가 씩씩한 모습을 보여야 오늘 밤 엄마가 잠을 잘 잘 수 있을 것 같았다.

"그래 우리 딸. 푹 잘 자고 내일 만나자. 엄마가 많이 사랑해."
"나도! 나도 많이 사랑해 엄마!"

엄마 목소리를 듣고 나니 신기하게도 마음이 정말 아주 아주 편해졌다. 엄마의 존재는 늘 나를 안심하게 한다. 내게 불안이 아닌 안정을 주는 부모를 가졌다는 거, 그게 얼마나 큰 힘이자 복인지, 나는 이제 안다.

남편에게도 전화를 걸어달라 부탁했다. 병원 전화를 받아야 할 텐데 모르는 전화를 받으려나 두근두근 기다리던 찰나 빠르게 전화 연결이 됐다. 홀로 그 깜깜하게 아무것도 보이지 않던 방에서, 내 몸에 줄이 몇 개나 달린 건지 미라 같은 상태로 넘겨받은 수화기 너머 반가웠던 남편 목소리가 지금 쓰면서도 생생히 떠올라 눈물이 날 것 같다.

"오빠! 나야! 나 수술 다 잘 됐대. 많이 걱정했어?"
"당연히 걱정했지, 바보야! 오늘은 약속 내내 계속 시계만 보게 되더라. 인 그래도 장모님 연락받아서 '휴' 하고 있었는데 어떻게 전화를 다 했어!"

수술이 워낙 급하게 결정되다 보니 남편은 이미 중요한 일 약속이 모두 잡혀 있었다. 아마 내가 수술 들어가고 약속 장소로 이동하기 전까지 엄마와 함께 있다가 이동한 모양이다. 컴컴한 중환자실에 누워 아무것도 보이지 않는 상황에서도 남편의 목소리는 나를 들뜨게 했다. 당시 내 몸엔 목, 복부, 팔, 다리 모든 곳에 줄이 열 개도 넘게 달려 몸을 움직일 수조차 없는 상태였는데, 전화기를 잡고 깔깔깔 웃으며 수다를 떨었던 게 지금 돌이켜 보면 가능했던 일이었나 싶다. 사랑의 힘이란 참 위대하다.

"응, 나 괜찮아. 수술이 너무 다 잘되었대. 내가 여기 선생님한테 전화 연결해 달라고 했어! 오빠 목소리 듣고 싶어서. 잘했지?"

"그래 잘했다! 지금 제일 하고 싶은 게 뭐야?"

"지금? 시원한 물 한 잔. 목이 너무 말라…. 얼음 탄 시원한 물 한 잔이 너무너무 마시고 싶어. 그리고… 포르쉐 타고 달리고 싶어! 저 끝까지 달리고 싶어. 아무도 없는 저 길 끝까지 막 달리고 싶어!"

"하하하하하."

마취약에 정신도 몽롱했던 그 순간 포르쉐가 갑자기 왜 튀어나왔는지는 나도 잘 모르겠다. 몸에서 암 덩이를 빼낸 후련함과 마취 기운이 합쳐진 의식의 흐름은 도통 종잡을 수가 없었다. 나중에 남편이 그날 통화한 거 기억하냐 물었을 때도 또렷이 기억했다. 포르쉐 타고 저 길 끝까지 막 달리고 싶다고 했던 그때 내 감정, 그 순간의 방 공기까지도.

낫기만 하라며 뭐 갖고 싶은지 행복한 고민이나 하라던 그의 우렁찬 다짐은 마치 집으로 돌아가면 포르쉐 한 대쯤은 뽑아놓고 기다릴 태세였다. 3년이 지난 지금도 그 포르쉐는 어디쯤인지 감감무소식이지만 여느 때와 같은 내 '골때림'에 남편은 한시름 놓는 것 같았다.

"많이 아파? 무통 많이 놓고 있어?"
"아까는 많이 아팠는데 지금은 좀 참을 만해. 일곱 통 맞았다는데?"

통화하는 사이 체크하러 들어온 간호사께 무통 주사를 얼마나 맞은 거냐 했더니 일곱 통을 맞았다고 했다. 무통을 너무 많이 맞으면 나중에 내성이 생겨 잘 안 듣는다는 얘기를 어디선가 들었기 때문에 나도 최대한 참을 만큼은 참고 있었는데 어느새 벌써 일곱 통이나 맞았는지 모를 일이었다.

"일곱 통?! 너무 많이 맞은 거 아냐? 간호사분 좀 바꿔줘 봐."

자기 통제를 벗어나는 일에 불안 지수가 높아지는 남편은 병원 다니며 으레 의료진까지 의심하기도 했는데 그건 모두 누구보다 나를 지키고 싶은 마음에서였다. 수화기를 간호사에게 넘겼다.

"아뇨? 다른 분 같았으면 지금쯤 이미 스무 통은 넘게 맞으셨을 거예요. 오히려 지금 너무 많이 참고 계신 것 같아요."
커튼 밖에서의 통화 소리가 다 들렸다.

"가영, 너 지금 무통 너무 적게 맞고 있대. 아프면 참지 말고 그냥 마음 편하게 주사 놔달라고 해, 응?"

다시 넘겨받은 남편은 내 마음을 편하게 해주려 애썼다. 다른 그 무엇보다도 마음을 편하게 해주려는 상대의 행동을 읽을 때 나는 가장 큰 고마움을 느끼는 것 같다.

"알았어. 걱정하지 말고 얼른 푹 자. 사랑해!"
"나도 사랑한다 꼬맹아! 푹 자고 내일 다시 통화하자!"

수술 후 3~4일째가 제일 힘들었다. 악몽을 꾸다 깨기가 일쑤였고, 정말 우울증이란 이런 것인가 하는 감정이 나도 모르게 훅 찾아오기도 했다. '내가 과연 이 상실감을 잘 이겨낼 수 있을까.' 나약한 마음이 들기도 했다. 화가 치밀어 오르기도 했고 모든 게 원망스럽기도 했다. 그런데 수술 후 일주일이 되니 거짓말처럼 컨디션이 조금씩 나아지는 게 느껴졌다. 회복이 다른 이들보다 월등히 빨랐다.

집에 가고 싶었다. 나는 살고 싶었다.

결혼하길 얼마나 다행이냐고 말해주신 시아버님

 사실 병을 알고 나서 일주일 동안 시부모님께는 알리지도 못했다. 나도 이게 다 무슨 일인지 충격이었지만 결혼한 지 1년도 안 되어 암에 걸렸다는 며느리를 어떻게 생각하실까? 솔직히 걱정스러웠다. 그래서 큰 병원에 가서 더 정확한 진단을 받은 후 말씀드리기로 하고 미뤘다.

 처음 알게 되고 남편과 둘이 어찌할 바를 모르고 매일 둘이 울고만 있었을 때도 난 시부모님께서 어떤 반응을 보이실지가 계속 걱정스러웠다.

얼마 지내보진 않았지만 몇 달간 겪어본 나의 시아버님은 정말 좋으신 분이었다. 친정아버지와 시아버님 두 분은 사돈을 맺기 전부터 알고 지내던 사이셨는데 아빠는 남편과 혼사가 결정되자 내가 참 복이 많다고, 누구에게 물어봐도 시아버님에 대해 섭섭한 말을 하는 사람이 한 명 없다고 하셨다. 그렇게 안심하고 딸내미를 시집보내셨을 만큼 시아버님은 인품이 넉넉하고 평판이 좋은 분이셨다. 그러나 어느 부모든 내 자식부터 생각하게 되는 게 당연하다고 생각했기 때문에 '어떤 반응을 보이셔도 잠시 서운할 수는 있으나 충분히 이해할 수 있다. 상처받지 말자.' 마음을 단단히 먹고 있었다.

> 가영아, 무어라 이야기해야 할지를 모르겠다. 이 문자를 보내면서도 눈물이 난다. 하나님이 또 이런 시련을 주나 하고 원망도 해보고 자나 깨나 걱정되고, 오늘 운동하면서도 너 생각하면 눈물이 나고. 나도 이런데 너는 오죽하겠니. 우리 가족이 잘 헤쳐 나가야지! 우리 이겨내자 힘내자. 너만 건강하면 된다. 우리는 아기 없어도 너희 둘만 행복하면 돼.

내 걱정이 무색하게 아버님은 대인이셨다. 처음 소식을 알게 되고 일주일쯤 후 남편이 혼자 부모님 댁에 가서 이야기를 전했다. 어머님께 이야기하면서 내 앞에서는 꾹꾹 참던 눈물을 많이 쏟아낸 모양이다. 아버님은 퇴근하고 들어오셔서 어머님께 이야기를 전해 들으셨고 밤늦게 내게 전하고 싶은 말들을 적어놓으시고는 차마 보내지 못하셨던 문자가 다음 날 실수로 내게 보내져 받을 수 있었다.

처음 아산병원으로 옮겨 최종 확인을 위해 응급 MRI와 Pet-CT를 찍었다. 생전 처음 이런 좁은 기계에 몸을 들이밀고 한참을 참아야 하는 게 답답하고 무서웠다. 별의별 생각이 다 들었다. 2시간쯤 걸렸을까, 모든 검사를 다 하고 나왔는데 보호자 대기실에 아버님이 와 계셨다. 오시지 말라는 남편의 말에도 걱정스러운 마음에 앞뒤 가리지 않고 당장 쫓아 오신 것이다. 그런 분이 나의 시아버님이셨다.

상견례 때 처음 뵌 아버님의 첫인상은 강하고 딱딱해 보였지만 결혼한 지 얼마 지나지 않아 한없이 자상하고 인정 많은 그의 내면을 알게 됐다. 아버님은 세상에서 가장 순박한 소년의 미소를 가진 분이다. 짧은 시간이었지만 아버님은 나를 정말 딸처럼 대해주셨고 많은 것이 잘 통했다. 시댁이 어려울 내 마음을 아시기에 퇴근길에 먼저 내게 전화를 주실 때도 많았는데 아버님과의 통화가 나는 늘 반가웠고, 이 얘기 저 얘기 한참 수다를 떨어도 지루한 줄 모르게 시간이 지나갔다. 아버님의 옛날이야기는 들을 때마다 재밌었다. 난 이것저것 따지지 않고 정 많고 자상한 아버님이 인간적으로 너무 좋았다. 보통의 시아버지와 며느리 사이가 어떤지는 모르겠으나 나와 아버님 사이엔 그런 정이 있었기 때문에 심적으로 많이 지쳤던 검사를 받고 나와 예상치 못했던 아버님의 얼굴을 보고는 참았던 서러움이 몰려와 그렇게 눈물이 났던 것 같다.

"아이구 가영아, 결혼해서 얼마나 다행이니! 무자식이 상팔자다!"

남편은 장남이다. 30대 후반의 나이에 결혼했으니 그동안 얼마나 손주를 기다리셨을까. 내 아이가 달려가 안길 때 아버님의 표정을 상상해 본 적이 많았다. 그런 할아버지를 갖게 되는 내 아이는 참 복이 많다고 생각했다. 결혼해서 아이를 가지려다 알게 된 사실이었던 건 맞지만, 아무리 위로라 하더라도 이 상황에서 내가 시부모님께 처음 듣게 될 말이 결혼하길 얼마나 다행이냐는 말일 줄은 정말 몰랐다. 내게 일말의 부담도 주고 싶지 않으셨던 아버님의 깊은 배려였다.

호르몬 치료 결과가 좋지 않음을 알렸을 때도 아버님은 미동이 없으셨다.

"가영아! 일찍 발견해서 네가 건강할 수 있으니 얼마나 다행이고 행복이야. 너무 걱정 말고 제주 여행 힐링 잘하고 와요.^^ 파이팅 사랑해!"

아버님의 이런 마음은 전달받을 때마다 나를 더 강해지게 만들었고 감사한 마음이 컸기에 시부모님 앞에서는 더더욱 내색 없이 씩씩해지려 노력했다. 그리고 이런 마음을 받을수록 수술 없이 무사히 치료가 잘되길 바라는 간절함은 더 커졌다.

솔직히 말하면 당시 난 나와 남편을 위해서보다 아이를 좋아하는 아버님을 위해서 아기를 갖자는 마음이 더 컸다. 아버님이 어려운 일을 겪고 계셨을 때였는데, 나와 남편은 이럴 때 손주라도 있으면 힘이 나시지 않겠냐고 자녀계획을 좀 더 앞당기자 얘기하던 차였다.

난 꼭 해내고 싶었다. 그러나 신은 내 바람을 들어주시지 않았다.

더 이상 기막힌 상황은 없을 것 같았다. 그러나 신은 비웃기라도 하듯 나를 더 극한 상황으로 몰아넣으셨고 시부모님께 상황 설명조차 드릴 새 없이 응급으로 입원해 수술이 잡

허버리는 완전한 중환자 신세가 됐다. 심란한 마음을 어떻게 가누어야 할지를 모르고 허공만 쳐다보던 그때에도 내게 힘을 실어주신 건 아버님이셨다.

> 사랑하는 우리 큰 딸 가영아! 무슨 말을 해야 할지 종일 생각해도 모르겠어. 나도 너무 충격이 커서 있는데, 문득문득 생각나면 정말 힘든데, 너는 어떻겠니. 무슨 말로 위로가 되겠니. 얼마나 힘든 시간이겠니. 안 겪어본 사람이 너의 힘든 마음을 누가 더 잘 알겠어. 그러나 이럴 때일수록 마음 강하게 먹고 싸워서 이겨야 한다. 우리 가족 모두가 응원하고 기도하고 있어요.
>
> 가영이는 우리 집에 너무나 소중한 딸이고 나는 영원히 사랑하는 우리 딸 편이야 알고 있지? 나는 영리하면서 착하고 이쁜 며느리가 내 옆에 꼬옥 있어야 해요. 나는 아기도 필요 없고 나의 소망은 네가 건강하고 행복하게 아들하고 잘 살면 돼요. 그것이 나와 준상 엄마 바람이에요. 어젯밤에도 우린 너희 둘이 행복하면 된다고 이야기했어. 너의 마음은 또 틀릴 수 있겠지만 무자식이 상팔자라는 말도 있잖니.
>
> 우리 이쁜 가영아 모든 사람은 살아가면서 공평한 삶을

살아가는 것 같아. 우리 가영이는 너무 예쁘고 다 잘하니까 하늘이 시샘해서 아픔을 준 것 같아. 그러나 우리 함께 이겨내자. 우리 며느리는 의지가 강한 사람이잖아. 나는 우리 가영이 만난 지는 얼마 안 되었지만 이쁘고 똑똑하고 용감하고 모든 것을 잘하는 우리 며느리가 너무 좋다. 우리 딸, 며느리, 아가야. 정말 마음 강하게 먹고 잘 이겨내자 응! 너만 건강하면 되니 다른 생각 말고 수술 잘하자. 나도 하나님께 기도 많이 할게.

살고 싶다는 나의 의지보다 더 강한 것은 나를 사랑하는 사람들이 있다는 믿음이다. 누군가에게 나는 소중한 존재이며 필요한 사람이라는 믿음은 그 무엇보다 나를 포기할 수 없게 만드는 원동력이었다. 사람의 마음은 이심전심이라 하지 않던가. 그 당시 아버님이 내게 보내주신 있는 그대로의 솔직한 마음의 표현들은 감히 값어치를 매길 수 없을 만큼 소중했다. 마음의 힘을 감히 측정할 수는 없겠지만 나는 그 덕에 수술도, 이후의 어려운 치료 과정들도 무너지지 않고 잘 버틸 수 있었다.

내게 아버님의 간절한 마음은 든든한 언덕이었다. 마음이 약한 소리를 할 때마다 나는 아버님의 메시지를 읽고 또 읽었다. 그리고 반드시 이겨내겠다고 다짐했다.

나를 살리고 간
운명 속 나의 아이

 결혼하길 얼마나 잘했냐는 아버님의 말씀이 아주 틀린 말은 아니었다. 결혼해서 임신 준비를 하다 내 몸속에 암이 자라고 있다는 걸 알게 됐으니 말이다.

 결혼해서 첫 6개월은 양쪽 어깨에 부담을 가득 안고 신혼을 보낸 탓에 아이를 빨리 갖고 싶진 않았다. 나는 한 번에 한 가지 일에만 몰두해야 하는 성격인데 이상하게 인생에 가장 중요한 많은 것들이 한꺼번에 몰아쳤다. 아이까지 바로 가졌다간 너무 심한 번 아웃이 온 채로 출구 없는 블랙홀로 빨려 들어갈 것만 같았다. 적어도 제대로 된 신혼여행 한 번은 다녀온 후에, 새로운 생활에 적응은 좀 더 한 다음 생각하자 했다. 그러다 별생각 없이 신년 운세를 상담받으러 갔다가 그해 2월에서 6월 사이 너무 좋은 아이가 있다는 말을 듣게 됐다. 사실 산부인과 진료도 다 받아놨고 건강검진도 다 해놓은 데다가 아이가 급하지 않았기에 상담하면서도 아이 이야기는 묻지도 않았었는데, 내가 먼저 묻지도 않은 이야기를 내 사주를 풀이하던 상담 선생님이 먼저 꺼낸 것이었다.

"이 아이는 낳기만 하면 부모 발목도 잡지 않고 알아서 혼자 너무니 잘 클, 정말 좋은 아이입니다. 엄마가 일하고 들어오면 아마 밥상도 먼저 차려놓고 기다릴 아이예요. 그러니 일단 낳기만 하세요."

사주팔자야 믿거나 말거나, 그저 답답한 마음 긁어주는 상담 정도로 생각하지만, 너무나 확고했던 이 이야기는 계속 귓가에 맴돌았다. 나는 어려서부터 워낙 아이를 좋아했다. 다만 연애 기간도 짧았던 남편과 둘만의 시간을 좀 더 보낸 후 아이를 가질 생각이었지 아기가 없는 삶을 원했던 건 아니었다. 당시 아버님을 위해서라도 손주를 빨리 낳아드리면 좋을 것 같다고 생각하던 터라 그럼 어차피 낳을 거, 조금 더 당겨서 가져볼까? 하며 연말로 미뤄두었던 임신을 앞당겨 준비하다 그해 3월 내 몸속 암세포를 발견하게 된 것이었다.

나는 그렇게, 내 발목도 잡지 않고 알아서 큰다는 내 운명 속 아이 덕분에 내가 아픈 것을 초기에 빨리 발견할 수 있었다.

이 모든 과정을 겪으며 내 아이가 나를 살리고 있다는 생각이 너무 강하게 들었다. 이상하게 자꾸 그런 느낌이 들었다. 그리고 그런 생각이 들면 미안하고 슬펐다. 아이러니하게도 치료 과정의 많은 부분은 임신·출산 과정과 닮아 있었다. 초음파 사진으로 시작해 메스꺼움, 통증, 수술 흉터, 탈모 등, 아이를 낳는 것과 너무도 닮아 있는 모든 과정이 내게는 두서없이 몇 배속으로 더 극대화되어 들이쳤다. 물론 그 모든 과정에서의 감정은 극단적으로 달랐지만, 그 길의 끝에 나는 아이를 얻는 대신 나 자신을 얻었다.

수술 후 3주간 입원했다 퇴원해 집으로 돌아왔을 때, 그 후로도 꽤 긴 시간 아장아장 환하게 웃는 아주 예쁜 내 아기의 환영이 자주 보였다. 생각이 꼬리에 꼬리를 무는, 주로 혼자인 순간들, 화장실에 멍하니 혼자 앉아 있을 때나 잠들기 직전, 얼굴이 동그랗고 뽀얀, 새하얀 아기 천사가 내게 다가와 엄마 뭐 하냐고 다 괜찮을 거라고 세상에서 가장 예쁜 웃음을 보이며 나를 위로해 주었다.

그렇게 운명에 있다던 내 아이는, 낳기만 하면 내 발목도 잡지 않고 알아서 큰다던 그 예쁜 아이는 정말 내 발목도 잡지 않고 자신을 낳고 키우느라 애쓰는 엄마로 사는 삶보다 '나'로서 사는 삶을 더 응원한다는 듯 빨리 치료해야 한다는 사실만을 알려주고, 소중한 새 인생의 의미를 알리고 떠났다.

정해진 운명이란 게 정말 있을까? 운명에 기대고 싶을 땐 있지만, 여전히 잘 모르겠다. 그렇게도 이해받고 싶었던 힘들고 외로웠던 마음을 내게 오려던 아기가 행여나 다 들여다보고 있었던 것은 아닌지, 그게 절대 너를 만나기 싫어서는 이니었는데. 그저 누군가는 내 마음을 조금 더 알아주기를 바랐던 것뿐인데. 내 마음을 온전히 이해해 준 사람이 제발 너만은 아니기를 간절히 바란다.

너만 괜찮으면 다 괜찮다고 말해주신 시어머님

 사실 책 제목으로 할까도 생각했던 이 말은 시어머님이 내게 해주신 말이다. 투병 중엔 물론이거니와 최근 세배 덕담으로도 어머님은 내 건강부터 말씀하셨다.

 남편과 교제를 시작하고 석 달 만에 어머님을 처음 뵙고 남편이 더 좋게 보였다는 이야기를 내가 남편과 시어머님께 한 적이 있는지 모르겠다. 피부가 하얗고 젊어 보이시는 데다 단정하신 어머님의 첫인상은 당시 교제 중이던 남편을 더 호감으로 만들었다. 어머님과 함께 한복을 맞추러 갈 때나 백화점에 갔을 때 "따님이세요?" 하는 말에 "아니 우리 며느리에요.^^" 하면 점원은 어떻게 며느리가 시어머니를 닮았느냐 할 때가 있었는데 그런 말도 싫지 않았다.

어머님 댁 인테리어 공사를 하며 함께 여기저기 돌아다닐 때면 어머님은 내 의견을 물어봐 주셨고, 함께 예쁜 자재와 가구를 구경하다 보면 시간 가는 줄을 몰랐다. 어머님이 가 보고 싶다고 하셨던 동네 맛집을 예약해 둘이 오붓하게 다이에 앉아 함께 했던 점심 식사와 대화, 함께 했던 양재천, 한남동 데이트들, 가끔 함께 장 보러 가거나 날 좋은 날 함께 걸었던 아파트 산책길 등 어머님과는 시간이 흐르는 만큼 여자들끼리의 소소한 추억이 하나둘 생겼다. 자주는 아니어도 종종 남편 없이 어머님과 둘만의 이야기를 나누다 보면 젊은 시절 아버님과 같은 일을 하는 남편을 둔 아내로서 어머님의 마음이 이해가 가기도 했고, 어머님이 내게 집안일을 먼저 상의해 주실 때면 나는 큰 며느리 대접을 받는 것 같아 좋았다.

처음 내 상태를 남편에게 전해 들으신 어머님이 내게 처음 해주신 말은 "우리 걱정은 말고, 다른 거 생각 말고 너만 생각하라."라는 말이었다. 어머님 아버님께 말도 못 하고 얼마나 많은 상상을 하며 초조해했는지, 그랬던 내 마음을 꼭 들여다보기라도 하신 듯했다. 나는 나 자신보다는 가족 구성원으로서의 나, 나의 역할, 또는 그 주위를 먼저 생각하는 게 버릇이 돼 있는 사람이어서 어머님께서 해주신 이 말이 그동안 지니고 있던 많은 긴장을 풀게 했다. 나만 생각하라는 그 말이 진심으로 감사했다. 나는 부담을 내려놓고 가벼운 마음으로 치료에만 전념할 수 있었다.

입원해 있을 때 병문안 오신 어머님의 얼굴은 걱정이 한가득 수척해 보이셨다. 내가 밝은 모습을 보여야 어머님이 안심하실 테니 나는 여느 때처럼 남편과 장난을 쳤고, 그 모습을 보고서야 마음이 좀 놓이신 듯 "의그~ 애네는 아무튼 일상이 코미디야 정말~." 하시며 함께 있었던 사돈인 친정엄마에게 "정말 천생연분이네요." 하고 웃어 보이셨다.

"저는 준상이가 결혼해서 정말 좋아요. 결혼하고 준상이가 많이 밝아졌고, 둘이 정말 잘 어울리는 한 쌍이에요."

어머님이 엄마에게 이렇게 말씀하신 데에는 정말 우리는 천생연분으로 재미나게 잘 살고 있는, 보기 좋은 젊은 부부이기도 하지만, 그보다 같은 자식 가진 엄마로서 엄마의 마음을 누구보다 잘 알기에 친정엄마의 마음까지도 편하게 해주시려는 깊은 헤아림이셨다는 것을 잘 안다.

항암을 하면서도 어머님은 종종 내게 따뜻한 말을 건네주셨고, 내 손을 따뜻하게 잡아주셨다. 어머님은 독실한 기독교 신자이신데도 새벽기도는 며느리인 나 때문에 처음 해본다고 하셨다. 하루는 함께 식사 후 돌아와 헤어지며 우리 부부를 보시고는 "그래도 든든하다! 준상이가 있어서! 장하다 우리 아들! 파이팅!"이라 하시며 밝게 웃어 보이셨다.

분명 듣고 집에 들어왔는데도 '내가 방금 들은 게 시어머니가 하신 말씀이 맞아? 이거 완전 친정엄마 멘트잖아.' 하며 혼자 웃었고, 어머님 안부를 여쭐 때면 "어, 다 좋아. 너만 괜찮으면 다 괜찮다." 하며 웃어주셔서 위로를 많이 받았다.

어머님의 마음이 많이 와닿았던 걸까, 한번은 내가 어머님께 어느새 정이 쌓이고 많이 의지하고 있다는 걸 느꼈던 때가 있었다. 치료가 다 끝나고 얼마 안 돼 친구의 임신 소식을 들었는데 정말 축하한다고 내 일처럼 진심으로 기뻐해 주고는 전화를 끊었다. 그런데 막상 전화를 끊고 나니 마음이 싱숭생숭했다. 그때 누군가에게 전화하고 싶었는데 누구에게 연락해야 할지를 몰랐다. 엄마에게 얘기하면 나보다 더 속상해할 게 뻔했기에 전화할 수 없었는데 그때 생각난 사람이 시어머니였다. 내가 나중에 어떤 분께 이 얘기를 했을 때 "어떻게 그 상황에서 시어머니에게 전화 걸 생각을 다 했냐고, 본인은 결혼한 지 30년이 넘었는데도 시어머니는 아직도 불편하다."라며 놀라셨다. 어머님이 어렵고 불편한 건 나도 마찬가지였지만, 다른 거 생각 말고 나만 생각하라는 그 말씀이 진심이라 믿었고, 그 말이 내게 주었던 위로와 힘이 커 그만큼 어머님께 신뢰와 친근함이 쌓이게 됐었던 것 같다. 그래서 어머님께 전화를 걸었다.

그냥 어머님 안부를 묻고 이런저런 얘기나 할 참이었는데 어머니는 내 전화를 받자마자 "가영아 너 목소리가 왜 그러니?" 하시는 바람에 친구의 임신 소식을 들었다고 털어놓았다. 목소리만 듣고 기분을 먼저 물어주신 것만으로도 눈물이 날 것 같았다. 친구분들과 라운딩 중이셨던 어머님은 재빨리 사람들 없는 곳으로 가서는 수화기에 속삭이셨다.

"얘! 가영아 너 속상했니? 네가 부러울 게 뭐가 있니? 더 보람되게 살 수 있고 부족한 것도 없는데. 너무 스트레스받지 말고 다 되는 대로, 순리대로 하자 우리." 어머님은 전적으로 내 편에 서서 오히려 나를 북돋워 주셨다.

그 후에도 어머님은 친구들을 만나고 왔다는 이야기를 들으면 "어 그랬어? 가영아 너 행여나 친구들 만나서 상처받고 그러지 말아. 요새 세상에 애 있다고 다 좋은 것도 아니고 지금 네가 잘 관리해서 완전하게 낫는 게 준상이도 그렇고 우리 모두가 제일 바라는 일이야."라고 말씀해 주셨다.

 머뭇거림 하나 없이 확 내 편에서 이야기해 주시던 어머님 덕분인지 나는 그 이후 아이에 관해서는 한 번도 그때와 같은 감정을 느낀 적이 없다. 시부모님이 보내주신 조건 없는 응원과 위로를 받으며 나는 이 고비를 무사히 넘기고 있었다.

언니가 주인공인 인생을 살라 말해준, 하나뿐인 내 동생

어렸을 적 사진을 보면 꼭 내 미니미 같은, 나에겐 하나뿐인 나를 똑 닮은 예쁘고 착한 여동생이 하나 있다. 동생은 어려서부터 나를 졸졸 따라다니던 언니 바라기였다. 우리는 초등학교, 중학교, 고등학교까지 쭉 같은 학교에 다녔는데, 초등학교 시절엔 저학년인 동생을 괴롭히는 친구가 있으면 나는 그 친구들을 찾아가 혼내주는 든든한 언니였다.

자라면서 가끔 싸우는 때는 있었지만 우리는 우애가 좋은 자매다. 언제나 엄마가 내게 준 가장 큰 선물은 동생이라 생각했고 자라면서는 더더욱 형제가 있는 게 얼마나 든든하고 좋은 건지 느낄 때가 많았다. 동생은 말하지 않아도 내 마음을 꿰뚫어 보는, 때론 부모님보다 나를 더 잘 아는, 내 가장 오래된 베프다.

수술이 결정되고 늦은 밤 동생에게 전화가 걸려 왔다. 자정이 넘어서였는데 잠이 오지 않아 좁은 입원실 침대에서 몸을 이리저리 뒤척이고 있을 때였다.

"언니 괜찮아?"

마음 아픈 소식이란 하루라도 늦게 알리고 싶은 마음에 동생에겐 수술 소식을 알리기 전이었다. 아마 그날, 그 불 꺼진 병실 침대에서 동생과 통화하며 난 그간의 서러웠던 마음을 내려놓으며 많이 울었던 것 같다.

엄마는 나보다 더 가슴 아파할 것이 걱정되어, 남편은 내가 우는 모습을 보면 더 힘이 빠질까 봐, 난 그동안 맘껏, 충분히 울지 못했다. 힘들어 쓰러진 엄마가 내 울음소리에 깨서 또 마음 아파할까 숨죽여서였지만, 무섭고 두렵고 서글픈 마음을 동생과 통화하며 다 쏟아냈다. 어려서부터 원체 눈물이 많았던 하나뿐인 내 소중한 동생은 언니가 수술해야 할 것 같다는 한마디에 "왜…?" 하며 금세 눈물샘이 폭발해 버렸고 직접 얼굴을 보지 않았음에도 내 동생이 어떤 표정일지 선하게 보였다.

"괜찮아…. 언니 수술하면 괜찮을 거래."
"언니…. 왜 언니한테 이런 일이…?"

동생은 떨리는 목소리로 자신의 약한 모습을 애써 내게 숨기려 했지만 서른이 넘어도 동생은 동생이다. "언니 미안해…. 난 그런 줄도 모르고 이때까지 친구들이랑 웃고 떠들다 들어왔어." 울음이 폭발해 이때까지 놀다 와 미안하다는, 여전히 어린아이 같은 동생 모습이 귀여워 웃었다.

"괜찮아."

"언니, 다 괜찮을 거야…. 언니는 언니가 주인공인 인생이 더 어울려. 빨리 나아서 언니가 주인공인 삶을 살아."

내가 주인공인 삶을 사는 게 더 어울린다는 동생의 말이 꽤 큰 위로가 됐다. 퇴원 후에도 동생은 물심양면으로 내 회복을 도왔고, 남들과는 공유할 수 없었던 일상을 거리낌 없이 함께하며 자칫 우울할 수 있었던 상황까지도 함께 웃음으로 승화시켜 주었다. 우리는 그렇게 서로에게만 보이고 나눌 수 있었던 추억들로 우리 둘만의 자매 보물 상자를 더 꽉 채웠다. 나에게 이렇게 든든한 동생이 있다는 게 다시 한번 감사했다.

동생의 웃음소리는 많은 사람을 힐링시키는, 자꾸 웃기고 싶게 만드는, 복을 불러오는 너무나도 예쁜 장점이라는 걸 부디 오래도록 기억했으면 좋겠다.

누구에게도 미안해하지 말길 바라준
우리 아빠

 아빠의 핸드폰에 내 번호는 '든든한 우리 큰딸'이라고 저장돼 있다. 딸 둘인 집 장녀인 나는 늘 아빠에게 진짜 든든한 딸이 돼주고 싶었지만, 나이가 들어도 든든한 아빠 품을 벗어나지 못하는 아이인 것 같아 미안했다.

 우리 아빠는 멋있는 사람이다. 어렸을 적부터 아빠는 늘 바쁜 사람이었지만 어떻게 아는지 아빠는 나 자신조차 잘 몰랐던 내 성격을 파악하고 있을 때가 많았다.

 아빠에겐 늘 가족이 먼저였다. 아빠는 일이 아무리 바쁘더라도 가족과의 약속을 최우선으로 생각했다. 내 입학식, 졸업식, 운동회 등의 행사에 아빠가 올 때면 저 멀리서도 보이게 키가 훤칠히 큰 멋진 아빠가 양팔 벌려 나타나 한 아름에 나를 안아주었다. 틈틈이 방학마다 가족여행도 함께 했는데, 그럴 때면 아빠가 무거운 비디오카메라를 어깨에 메고 다니며 열심히 우리를 찍어준 덕분에 그 추억이 고스란히 남아있다. 다 선명한 기억이 아니라 어렴풋한 감각뿐일지라도 아이에게 부모와 함께하는 행복한 시간의 추억은 그 무엇과도 바꿀 수 없다. 그런 시간과 노력이 쌓여서일까, 여전히 아빠와는 마음이 잘 통하고 소통이 잘되는 부녀지간이다.

우리 아빠는 내 또래 친구들의 다른 아빠들보다 젊은 아빠였다. 어른을 대하는 태도나 예의범절, 그리고 겸손한 태도에 대해서는 누구보다 엄격했지만, 가르치려는 자세보단 언제나 내 의견을 먼저 들어주고 존중해 주는 친구 같은 아빠였다.

아빠는 단 한 번도 우리에게 무언가를 바란다는 마음을 표현한 적이 없다. 뭘 어떻게 하라 말아라 한 적도 없고, 잘하지 못했다고 타박한 적도 없다. 공동 양육자인 엄마에겐 아빠의 이런 모습이 불만일 때도 있었던 것 같지만, 그때그때 잔소리하는 것보다 더 어려운 것이 적당한 무관심으로 아이의 선택과 결정을 묵묵히 지켜봐 주는 것이라고 하니, 아빠는 언제나 나를 믿고 존중해 준 참 좋은 아빠였다.

아빠와 엄만 언제나 내 젊음과 새로운 경험을 응원했다. 여행 간다 말하면 나보다 더 반기며, "여행도 젊어서 많이 가 봐야 해, 넓은 세상을 직접 보고 경험해 보는 것만큼 좋은 배움은 없어. 요새는 정보가 많아서 너희들 여행하기 참 좋겠다!"라며 나만큼이나 설레고 기뻐해 주셨다. 엄마 아빠는 거기 갔을 때 어디가 참 좋았었다며 본인들의 추억을 공유해 주고는 좋은 추억 많이 쌓고 오라고 용돈까지 쥐여주는 센스 있는 부모다.

아빠는 언제나 내게 힘들어도 해야 한다는 강압적 태도 대신 힘들면 그만둬도 된다는 말로 마음의 기댈 곳이 돼주는 쉼터 같은 좋은 어른이었고, 이상하게도 그런 아빠의 말을 들으면 고마운 마음에 난 뭐든 더 열심히 하고 싶어졌다. 언제나 내 마음을 먼저 배려해 "걱정하지 말라."는 말로 안심시켜 주는 가장 든든한 존재인 아빠는 다음 생이 있더라도 가지기 어려울 세상 최고의 아빠다. 그리고 이런 부모님의 사랑과 배려 덕분에 난 밝고 건강한 마인드를 가진 사람으로 클 수 있었다.

아빠는 해외 출장 중 급작스럽게 결정된 내 수술 소식을 들었다. 당시 함께 출장 중이었던 동료들과 저녁을 같이 하기로 한 날이었는데 소식을 듣고는 아빠도 몸이 아파져 약속을 취소하고 급하게 방으로 향하셨다고 한다. 출장 내내 얼굴이 너무 안 좋아 동료들이 무슨 일 있나 걱정이 많았다는 이야기를 나중에서야 들었다. 자식이 아프면 따라 아프게 되는 것이 부모의 마음인 것 같다.

수술이 무사히 잘 끝나 겨우 일어나 걸을 수 있게 되고 병원 지하로 내려가 출장에서 돌아온 아빠를 만날 수 있었다. 오랜만에 네 식구가 상봉했다. 너무 반가웠다. 세상에서 가장 든든한 나의 빽, 품이 크고 넓은 아빠는 아무 말 없이 나를 꼭 안아주었다. 별다른 말을 하지 않아도 아빠의 마음이 온전히 다 느껴졌다.

퇴원하고 얼마 안 있다 항암을 시작해 친정에 며칠씩 요양가 있곤 했다. 그럴 때마다 퇴근하신 아빠는 내 방으로 들어오셔 내가 누워 있는 침대에 걸터앉으셨다.

"우리 딸 괜찮아?"
"나 괜찮아 아빠 걱정하지 마."
"남들은 항암 맞고 초 죽음이라는데 우리 딸은 완전 원더 우먼이네.^^"

"그럼, 누구 딸인데, 씩씩해야지!"

"맞아, 힘들면서 참는 거 다 알아 힘내자!"

"가영아, 너는 최선을 다했어. 네 몸 상해가면서까지, 네 몸에 전이되면서까지 너는 할 만큼 그 이상을 다 했어. 그러니 누구에게도 미안해하지 마."

지금 생각하면 당신의 딸이 행여나 남은 소중한 인생의 날들을 누군가에게 빚진 마음으로 살게 될까 봐, 삶을 온전히 귀하고 행복하게 살아주기를 바라는, 부모 마음이란 그런 것일까 짐작한다. 그러나 당시엔 "내가 누구에게 왜 미안해?" 하며 아빠의 이런 말을 정확히 잘 이해하지 못했다. 그러나 치료가 모두 끝나고 일상으로 돌아와서야 아빠의 말이 떠오를 때가 많았다.

처음엔 진짜로 괜찮은 줄 알았다. 일단 하루빨리 정상 컨디션으로 회복해야 한다는 일념밖에 없었기 때문이다. 수술하고 나서는 모든 생리 활동을 포함해 꿰맨 배 위에 복대를 차고 다시 일어나 허리에 힘을 주고 곧게 서서 한 걸음 한 걸음 제대로 걷는 것부터가 숙제였다. 그렇게 3주간 입원해 들것에 실려 새벽같이 매일 CT를 찍고 각종 검사 후 이제 퇴원해도 되겠다고 했을 때의 몸무게가 46.3kg이었다. 3주 만에

5kg이 빠졌다. 키가 168cm인 나는 중학교 이후 단 한 번도 40kg대로 내려가 본 적이 없었다.

퇴원 2주 후 난 바로 다시 입원해 항암을 시작했다. 2주 동안은 최대한 체력을 끌어올려 항암을 시작할 수 있는 컨디션을 만들어야 했고, 3주에 한 번씩 총 6번의 항암을 밀리지 않고 무사히 잘 마치는 게 유일한 목표였다. 10월부터 3월까지 6개월을 그렇게 오로지 한 가지 목표만을 향해 견뎌내야 한다는 일념으로 있는 힘을 다해 버텼다. 그렇게 무사히 치료를 다 끝냈을 땐 스스로가 정말 대견하고 뿌듯했다.

진짜 문제는 그다음이었다. 목표를 이루고 모든 치료가 끝나고 온전한 일상으로 돌아온, 그렇게도 바라던 상황이었는데 목표를 다 이루고 나니 그 허망함을 표현할 길이 없었다. 긴 여정을 끝나고 이제 드디어 내 삶으로 돌아왔다고 생각했는데, 탄탄한 다리인 줄로만 알았던 내 다리가 툭 끊어져 있었다. 여기서 저기까지 다리를 한 칸씩 놓으며 걸어가야 하는데 어떻게 가야 할지 막막했다.

모두가 '휴, 다행이다.' 하고 각자의 일상으로 돌아간 그때, 난 오히려 이전보다 외로워졌다. 다른 건 아무것도 변하지 않았는데 내 몸만 변해 덩그러니 혼자 남겨진 것 같았다. 정말 가끔이긴 했지만, 속절없는 우울감이 한 번씩 찾아올 때면 이건 내 진짜 감정이 아니라 호르몬 때문이고 지나가는 감정이라 생각하며 참아 넘겼다. 언제 터질지 모르는 꽉 찬 물풍선을 안고 사는 느낌이었다. 그러다 결국 그 물풍선이 터져버렸다.

하필이면 가장 고마운 남편에게 정말 하찮은 순간 터질 때가 많았다. 남편은 여전히 매일같이 약속이 많았고 늦는 날도 많았다. 일하고 밖에서 사람들 맞추는 것만으로도 힘들거라 모두 이해했음에도 불구하고 오랜만에 산책 좀 하고 싶었는데 집에 한 번 들어오면 나가기를 싫어하는 남편이 산책하러 나가기 싫다는 티를 팍팍 내며 옷을 갈아입어 버렸을 때, 결국 위태롭던 난 폭발했다. 물론 당시 여러 일이 겹치긴 했었다. 몸도 이런데 항암 중 갑자기 이사 나가달라는 집주인의 통보를 받는 상황이 생겼고, 마지막 항암 후 두 달 안에 집을 구해 이사까지 해야 한다는 생각에 나는 심신이 지칠 대로 지쳤다. 항암이 끝나자마자 집을 한참 보러 다닐 때였는데 그날따라 또 나보다 다른 누군가의 마음을 더 먼저 배려하는 듯한 남편의 말 한마디가 무척이나 서운하게 느껴졌다. 남편은 언제나 내 편이라는 그 마음 하나가 나를 살게 하고 버티게 하는 유일한 보상이었는데 그동안 억누르고 참아왔던 설움이 폭발했다.

나는 답답한 마음에 혼자라도 산책을 하겠다고 집을 먼저 나서버렸다. 그리곤 말하지 않아도 내 마음을 헤아려 당연히 따라나서 줄줄 알았던 남편이 내가 언덕 끝에 있는 공원에 다다를 때까지 따라오지 않는다는 걸 알아차렸을 때. 아니, 따라오기는커녕 자기도 골이나 도리어 화를 내며 나를 꺾으려 자존심을 부리기 시작했을 때. 내가 열 번 양보해 나오라고 먼저 전화를 걸었는데도 결국 나오지 않았을 때. 이 사람이 정말 내가 알던, 매일같이 울면서 제발 무사히 낫기만 해달라던 그 같은 사람이 맞나 싶었다. 당황스러웠다. 내가 얼마나 얼심히 죽을힘을 다해 버텼는데, 겨우 돌아온다는 게 이거야? 배신감이 들었고 분하고 억울했다.

누군가가 나를 꺾고 길들이려 들면 들수록 나는 도리어 버티다 부서져 버리는 성격이었다. 그 공원에서 한강을 바라보며 누가 보건 말건 한 맺힌 시련 당한 여자처럼 1시간이 넘도록 눈이 팅팅 붓게 펑펑 울었다. 그리곤 아빠가 했던 말이 떠올랐다. "누구에게도 미안해하지 말아라." 난 그제야 그 말의 의미를 알 것 같았다.

이런 과정을 겪는 동안 왠지 모르게 무언가를 빚진 약자가 된 것만 같은 익숙하지 않은 마음이 불편했다. 최선을 다했을 때 그동안은 안 되는 일이 별로 없었는데, 지금 생각해 보면 난 늘 좋은 환경이었기에 그저 남들보다 운이 조금 더 좋았던 것일 수도 있다. 노력해도 무기력해지는 걸 처음 느꼈다. 내 힘으로는 도저히 할 수 없는 것이 있다는 게 나를 힘들게 했다.

내 마음은 제대로 들여다볼 겨를조차 없었다. 어쩌면 들여다보기가 겁나고 두려워 그저 외면하고 있었던 걸지도 모르겠다. 고마움과 감사함 때문에 난 더 강해져야 한다고만 생각했고, 힘들어도 이 정도는 당연히 참아야 한다고, 참는 게 당연하다고 생각하며 삼켰다. 그런데 시간이 좀 더 지나자 억울한 감정이 들었다. 난 최선을 다했는데, 내가 그러고 싶어서 그런 것도 아닌데, 내 의지와 상관없이 누군가에게 빚진 것만 같은 감정이 사실 좀 억울했다.

누군가에게 고맙고 미안하다는 생각을 무의식적으로 하고 있을 때, 그래서 그 대상에게 섭섭한 일이 있더라도 빚져있는 마음 때문에 내 솔직한 서운함을 표현할 수 없을 때, 고름은 더 커지고 병은 더 깊어진다는 걸 알았다. 심지어 그 고마움이 다른 무엇도 아닌 내가 아팠던 일이었기 때문에 난 이중으로 억울한 감정이 들었다. 모두 힘들었고 미안하고 감사하지만, 가장 많은 걸 잃고 어디에도 얘기하지 못한 채 박탈감을 느껴야 했던 건 오롯이 내 몫이었다.

이런 고차원적인 내 답답한 마음을 아빠는 어떻게 미리 다 내다보았던 걸까? 나보다 나를 더 잘 알고, 내 마음을 더 미리 내다보고 걱정하는 것이 부모의 마음인 걸까?

나는 그렇게 한참을 울고는 혼자 외롭게 집으로 돌아가며 깨달았다.

'누구도 내 인생을 보상해 주지 않는다.'
'누구도 내 삶을 대신해 줄 수 없다.'
'나는 내가 지켜야 한다.'

그리고 다짐했다. 내가 겪은 상황에 대해 앞으로 절대 그 누구에게도 미안해하지 않을 것임을.

부부싸움이란 원래 그렇듯 그날의 싸움은 금방 풀어졌지만, 그 후 남편과 함께 심리 상담을 하러 간 적이 있었다. 내 기를 체크하시던 선생님은 나보고 왜 이렇게 속이 시커멓고 혈이 다 막혀 있느냐고 물으셨다. 나는 그간의 과정을 쭉 이야기하며 정말 감사하게도 가족들이 모두 내게 큰 힘이 돼주어서 잘 견딜 수 있었다고 말했다. 그러자 선생님은 내게 되물었다.

"그런데 본인은요? 이 이야기에 가영 씨는 없네요? 본인도 힘들었을 거 아녜요. 물론 너무 감사한 건 맞지만, 이 상황에서 가장 힘들었을 건 본인이잖아요."

나는 잠시 머뭇거렸다.

"아 네, 좀 힘들긴 했지만, 저보다 훨씬 더 어려운 상황에서 이런 일을 겪는 분들이 많고, 저는 가족들이 모두 너무 잘 도와주어 덕분에 어려운 시기를 무너지지 않고 잘 버틸 수 있었어요. 이젠 정말 괜찮아요."

내 이야기를 들으며 종이에 뭔가를 쭉 적어 나가던 선생님은 다시 그것들을 곰곰이 살펴보았다.

"이 많은 일을 이렇게 짧은 기간에 다 겪는 사람이 많지는 않습니다. 이런 일들을 다 겪기엔 너무 짧은 시간이었던 것 같아요. 지금 가영 씨는 본인의 일을 멀리 떨어져 있는 제삼자의 이야기를 하는 것처럼 보여요. 보통 이런 일이 있어도 중간중간 어떻게 해야 할지 고민하고 생각해 판단할 시간이 있기 마련인데, 가영 씨에겐 그럴 시간조차 없이 휘몰아쳤던 것 같네요. 제가 보기엔 이 일을 아직 본인이 다 받아들이고 있지 못하는 것 같습니다."

사실 나는 잘 참는 사람이다. "힘들다.", "못한다." 하는 걸 싫어하고 "괜찮다."라는 말을 잘하는 사람이다. 친정에서부터 나는 자꾸 힘들다는 말은 하는 게 아니라 배웠다. 힘들다는 건 결국 누군가에게 계속해서 암묵적 양보를 요구하게 되는 민폐 끼치는 일이기 때문이다.

과한 걱정의 표현도 싫다. 특히 결혼하고부터는 마음 약한 남편에게 부탁하고 걱정을 늘어놓는 사람들에겐 거부감이 들었다. 남의 일을 그냥 지나치지 못하는 남편에게 부담 주는 일이고, 그러면 그게 또 나에게 영향을 미치기 때문이다.

나는 엄살떠는 걸 싫어한다. 조금 힘들어도 잘 참아내는 사람이기 때문에 "난 못 해."란 말을 자주 하는 사람이 싫다. 결국 그 사람 때문에 또 다른 누군가는 피해를 보게 되기 때문이다. 세상에 남은 할 수 있고 나는 못 하는 일이 어디 있나? 쉬운 일과 어려운 일, 잘하는 일과 잘하지 못하는 일, 하기 싫은 일이 있을 순 있지만 '못 하는 일'이 존재하진 않는다고 생각한다.

이런 내 성격 때문이었을까, 난 오로지 '할 수 있다.'는 생각만으로 수술도 항암도 그 전후 괴로웠던 마음까지도 잘 다스리며 버틸 수 있었다.

물론 그렇다고 힘들지 않은 건 아니었다. 이렇게 젊은 나이에 암이 찾아왔다는 사실도, 호르몬 치료가 실패했을 때도, 전이됐다는 걸 알고 반강제적으로 갑작스레 수술이 결정돼 그동안 내가 그려온 가족 계획을 하루아침에 포기해야 했을 때도 난 무척 힘들었다. 독한 약이 내 몸에 들어가는 게 싫어 감기약도 꺼렸던 내가 항암까지 해야 하는 신세가 돼 내 몸의 온전했던 세포들까지 다쳐야 하는 상황을 받아들여야 했을 때도, 너무 싫었다. 그리고 모든 치료는 끝났지만, 암 경험자로서 언제나 긴장하며 순간순간 이전과 달라진 많은 것을 받아들여야 하는 헛헛한 일상도 슬프게 느껴지는 순간들이 많다.

그러나 나 정도면 정말 괜찮은 거니까, 가족도 환경도 너무 감사한 게 많으니까 감사한 마음이 힘든 마음보다 훨씬 컸기 때문에 나는 감히 힘든 티를 맘껏 낼 수 없었다. 내가 힘들어하면 나보다 더 힘들 사람들이 있었으니까, 너만 아프고 힘들었냐는 말이 듣기 싫어서, 너 때문에 다 힘들었다는 얘기가 듣기 싫어서, 나 때문에 누군가 희생했고 손해 봤다는 말이 듣기 싫어서 나는 나를 삼켰다. 아무도 그러라 하지 않았지만 난 부담 주고 민폐 끼치는 사람이 되고 싶지 않았고 약한 소리 하는 게 싫었다. 당연히 그래야 한다고 생각했고 정말 괜찮은 줄 알았다.

나는 그제야 상담 선생님께 그 누구에게도 하지 않았던 이야기들을 털어놓게 됐다. 논문 쓰며, 결혼해서 생활이 바뀌며, 신경 써야 할 사람들이 늘어나서, 이럴 때 이런 말을 들으면 상처받았고 이럴 때 스트레스를 많이 받았다. 사실은 그때도 모조리 다 이야기하진 못했지만, 이해관계가 없는 누군가에게 내 속에 있던 이야기를 눈치 보지 않고 자유롭게 털어놓을 수 있다는 것만으로도 쌓여 있던 응어리들이 조금은 해소된다는 걸 알게 됐다.

머리로는 아는데, 그냥 저절로 드는 마음을 내 마음대로 통제할 방법은 없다. 수술과 항암의 연장선에서 여전히 살고 싶은 세포와 살기 싫은 세포가 내 안에서 싸우고 있음을 느낀다. 늘 살고 싶은 세포를 위해 즐거움과 행복감을 느낄만한 요인들을 곳곳에 배치하는 마인드 컨트롤이 필요해졌다. 혼자 사는 것이 아니라 사람이 느끼는 감정은 다양한 관계 속에서 상대적인 경우가 많았기 때문에 내게 조금이라도 부정적 영향을 끼치는 통제 불가능한 타인이라면 의도적으로 거리를 두었고, 함께 노력해야 하는 가장 가까운 타인인 남편에게는 당신이 어떤 말과 행동을 할 때 정신적으로 힘든지 내 감정을 솔직하고 구체적으로 얘기하기 시작했다.

집에 돌아온 나는 남편에게 선언했다.

"나, 미안했는데 미안해하지 않을 거야. 이건 미안해야 할 일이 아니니까. 당신이 나 같은 여자를 만난 건 정말 큰 복이니까!"

이리저리 눈치 보지 않고 자기감정을 점점 더 솔직하게 표현하는 마누라 때문에 성질 죽이고 더 많이 맞춰주고 양보하게 된 보수적인 남편이 한편으론 가엽기도 하다. 하지만 부부에게 가장 필요한 건 측은지심이라니, 평생 함께 살고 싶은 마누라에게만큼은 지는 게 이기는 거로 생각하고 언제나 아내를 최우선으로 생각하며 많이 아끼고 사랑하며 살아주길 바란다.

내가 지켜야 할 도리,
그리고 반드시 지켜야 할 목표

챕터 제목으로 뽑은 「우리 가족 모두의 예쁜 딸인 가영아」는 사실 이모와 외삼촌들이 내게 해준 말이다.

"우리 이쁜 가영이 힘들었지 고생했다. 당찬 가영이 잘 견뎌낼 거야. 네가 보낸 승리의 V 자같이 거뜬히 이겨내리라 믿는다. 외삼촌은 지리산 산동네에 걸으러 왔어. 지리산 둘레길 걸으며 가영이 잘 회복되라고 기도할게. 지난번 병원에서 너 만난 날, 이모가 말한 대로 우리 가족 모두의 예쁜 딸인 가영아, 사랑한다."

"가영이 파이팅 항상 긍정적으로 이겨 나가야 해. 사랑하는 준상이도 있고 외삼촌이 많이 기도할게. 꼭 힘내고 많이 사랑한다."

나를 사랑하는 사람들이 있을 때, 내가 누군가에게 소중한 사람일 때, 우리는 살아갈 힘을 얻는다. 내가 강단 있는 사람으로 어떤 순간에도 흔들리지 않을 수 있는 내공을 갖출 수 있었던 건 어렸을 때부터 식구들의 많은 사랑을 받아왔기 때문이다. 이번 일을 겪으며 사람이 위기에 처할 때 내재되어 있는 사랑의 힘이 얼마나 초인적인 힘을 발휘하는지 다시 한 번 느꼈다. 그리고 그 사랑에 보답하는 길은 내가 나를 더 귀하고 소중하게 여기는 것이라는 걸 깨달았다.

내가 행복하게 잘 사는 것, 내가 남편과 함께 잘 사는 것이 내가 지켜야 할 도리다. 그것이야말로 누구에게도 미안해하지 말기를 바라준 아빠, 하루하루 즐겁게 살기를 바라준 엄마, 나만 괜찮으면 다 괜찮다고 말해주신 시어머니, 예쁜 며느리 오래오래 건강하게 꼭 옆에 있어 달라 말해주신 시아버님께 내 도리를 다하는 유일한 길이다.

나는 내게 주어진 이 도리를 다하기 위해 최선을 다해 행복해질 것이며 이전보다 더 나를 최우선으로 생각하기로 했다. 전보다 더 의식적으로 나를 먼저 챙기기로 했으며 나를 더욱 사랑하고 돌보기로 했다. 그것이 때론 가족을 먼저 생각하던 내가 아닐 수도 있으나, 나는 힘들면 힘들다 내색하고 스트레스받으면 스트레스받으니 안 하겠다고 얘기할 수 있는 용기를 갖는 것이 궁극적으로는 나와 가족을 모두 위한 길이라 생각하게 되었다.

동시에 반드시 지켜야 할 목표가 생겼다. 첫 번째는 부모님보다 오래 사는 것이다. 어렸을 때부터 난 부모님이 떠나는 걸 미주히는 게 상상만으로도 힘들고 겁나 감당할 수 없을 것 같다고 생각했다. 혹시 내 장기를 떼 줘야 하는 상황이 생기면 난 한순간의 주저 없이 그럴 거라 생각하며 살았다. 너무나 사랑해서이기도 하지만, 그만큼 혼자되는 게 무섭고 싫어서, 그들이 떠난 자리에 남겨지는 내가 되기 싫어서가 더 컸다.

그러나 죽음의 고비를 넘어보니 알았다. 그건 너무나도 이기적이고 나약한 생각이다. 딸 둘인 집 장녀인 난 머지않아 부모님의 보호자가 돼야 할 것이다. 그 순간이 최대한 늦게 오길 간절히 바라지만 결코 피할 수는 없는 순리일 것이다. 난 사랑하는 부모님의 노후를 잘 돌봐드릴 것이며 반드시 내 손으로 안녕하게 잘 보내드릴 것이다. 그리고 그 슬픔을 동생과 함께할 것이다. 절대 동생이 그 슬픔을 오롯이 혼자 감당하게 하지 않을 것이다.

 모든 부모가 가장 바라는 일은 내 자식의 행복일 것이고 그건 우리 시부모님도 마찬가지일 것이다. 나와 결혼하고 아들이 더 밝아져 좋으시다던 시어머님의 말씀처럼 남편에게 지금처럼 밝은 기운을 주려 노력하는 것, 오래도록 삶의 즐거움을 함께 누릴 수 있는 좋은 벗이 되어주는 것, 힘들고 치이는 일상에서도 늘 남편을 믿어주고 응원하는 아내가 되는 것이야말로 아들과 둘이 함께 잘 사는 것 말고는 바라는 게 없으시다는 시부모님이 내게 가장 바라는 일이실 거로 생각한다. 나와 남편은 신뢰할 수 있고, 믿고 의지할 수 있는 단단한 사람으로 함께 성장해 나갈 것이다. 그게 나를 믿고 보살펴 주신 아버님, 어머님에 대한 예의이고 반드시 해야 할 도리다.

 두 번째는 남편을 너무 오래 혼자 두고 싶지 않다. 나보다 마음도 여려 나 없으면 어떻게 살지 벌써 한숨부터 나오는 사랑하는 우리 남편. 그런 슬픔을 그 사람에게 주고 싶지 않다. 시부모님께 나는 큰며느리다. 남에 대한 배려심이 특별히 많고 대접하는 걸 신경 쓰시는 우리 아버님의 성품으로 미루어 봤을 때 본인 떠나는 길에 찾아온 손님 접대까지 신경 쓰실 분이다. 난 그 마음을 헤아려 큰아들인 남편과 함께 그분들까지 정성스럽게 잘 챙길 것이다. 그리고 격에 맞게 편안히 잠드실 수 있도록 살필 것이다. 그 순간 남편이 그 자리를 홀로 지키고 서 있게 하지 않을 것이다.

지금도 우리는 서로 하루라도 먼저 가는 게 낫다 경쟁하지만, 부디 그게 누구든 홀로 남겨지는 시간이 그리 길지 않기를. 꼬부랑 할미, 할비 돼서도 지금처럼 철없이 티격태격 오순도순 장난치며 살다 비슷할 때 함께 이 세상을 후련히 떠날 수 있기를. 내가 마지막까지 그의 곁에서 사이좋은 벗이 돼줄 수 있기를 간절히 기도한다.

마음이 너무 힘들 땐 살고 싶지 않았고, 몸이 너무 힘들 땐 "살기 참 힘들다."라는 말이 나도 모르게 입 밖으로 튀어나왔다. 평생을 상상해 온 미래가 한순간에 물거품처럼 사라진 것 같은 기분이 들었고, 겨우 살아는 있는데 앞으로 어떻게 살아가야 할지 이러지도 저러지도 못한 채 끊어진 다리 위에 한참을 멍하니 서 있었다. 그러나 그럼에도 불구하고 나는 반드시 살아야겠다고 다짐하게 한 건 가족이었다.

나는 이 목표를 반드시 지킬 것이다. 반드시 살 것이고 그것도 아주 오래오래 잘 살 것이다. 그러니 사랑하는 그대들이여 나를 오래오래 살게 하고 싶다면 부디 하루라도 더 열심히 건강하게 그리고 재미나게 내 곁에 살아주시기를 부탁드립니다.

Chapter 3.

'나'를 생각하는 시간

아프며 깨달은 것들,
누구도 내 삶을 대신해 줄 수 없다는 진리

나를 지킬 수 있는 건 나 자신밖에 없다.

과거는 바꿀 수 없지만,
현재와 미래는 바꿀 수 있다

항암에 관한 이야기는 굳이 자세하게 하고 싶진 않다. 물론 힘들었고 믿을 수 없는 현실이었지만 결국 난 이겨냈다. 생각보다 견딜 만했고, 다 잘 해냈다. 어떤 이는 항암 기간을 이렇게 즐겁게 보내는 사람은 처음 봤다고 했을 정도니. 남편과 나는 정말 많이 웃었고 여전히 종종 그때 찍어놓은 사진과 동영상들을 보며 함께 추억하곤 한다. 사실 병원 가는 길이 남편과 소풍 가는 것처럼 즐거웠기 때문에, 오히려 내겐 아무나 누릴 수 없는 값진 추억이 됐다.

살아가며 나를 생각하는 시간이 얼마나 될까? 내게 있어 항암은 삶에 대한 의지를 불태우는 시간이기도 했지만, 그보단 나를 돌아보며 나 자신을 좀 더 가까이 알아가는, '나와의 관계'를 쌓는 과정이었다.

재입원을 앞두고 우리 가족은 모두 긴장하고 있었다. 집안에 항암을 해본 사람이 아무도 없었기 때문이다. 이렇게 어린 내가 처음이었다. 70대에 폐암이셨던 할아버지도, 83세에 췌장암 판정받으셨던 할머니도 수술은 하셨지만, 항암은 하지 않으셨다. 나으려고 하는 항암이 오히려 사람 잡는다는 이야기를 많이 들었기 때문이다.

나도 초기에 수술했다면 항암까지는 안 해도 됐을 것이다. 정작 중요한 나보다 그다지 중요하지 않은 것들을 생각하며 미련 떨다 일이 커져버렸다. 무섭긴 했지만, 항암 하는 사람이 한둘도 아니고, 어느 때처럼 난 그냥 '하면 되지!'란 생각으로 재입원을 준비했다.

"오빠 이거 꿈 아니지? 진짜 현실인 거지?"

아직도 이 상황이 너무 비현실적이라는 생각이 들어 헛웃음으로 남편에게 물었다.

"자꾸 그런 생각하지 마. 안 좋은 상황에서도 그 안에서 좋은 면을 보고…. 사람이 현재와 미래를 살지 과거를 살지 않잖아. 일어난 건 일어난 거고. 과거에 얽매일 필요 없어. 과거를 바꿀 순 없지만, 우리 힘으로 미래를 바꿀 순 있잖아. 오빠 말을 들으면 다 복이 온다!"

이전에도 이런 말을 한 적이 있었는데, 자꾸 듣다 보니 이 사람과 함께라면 정말 더 행복한 미래를 만들어 나갈 수 있을 것 같다는 자신감이 들었다.

"좋은 것만 생각해. 다 나으면 다음엔 어딜 갈지, 뭘 먹을지. 뭘 하고 재밌게 살지. 우리 지난 1년 동안 얼마나 좋았어. 정말 좋지 않았어? 평생 그렇게만 살 수 있다면 너무 좋은 거 아냐?"

그냥 위로하고 달래려 해준 말들이 실제론 꽤 마법 같은 힘이 있었다. 다음엔 또 어딜 갈까? 가서 뭘 하고 뭘 먹을까? 이런 생각과 상상은 갑작스레 목표를 상실한 내게 정말 다시 살아갈 새로운 목표가 되어주었고, 그 목표를 그리다 보니 어느새 내겐 또다시 버틸 힘이 생겼다.

거울 속 처음 보는 여자에게 물었다.
'넌 누구니?'

 첫 항암 후 병원에서 말한 대로 정확히 12일이 되니 거짓말처럼 머리카락이 스멀스멀 빠지기 시작했다. 사실 난 복이 하나 더 있다. 어딜 가나 부러움을 샀던 풍성한 머리숱이다. 외모는 타고난 것이니 불변의 법칙일 거로 자신했는데, 그마저도 당연한 게 아니었다. 주체할 줄을 모르고 빠지는 머리카락이 너무 무서워 샤워실에서 또 한 번 눈물을 왈칵 쏟았다. 남들 앞에선 센 척하던 마음이 혼자 남겨져 있을 땐 여러 번 무너져 내렸다. 도대체 어쩌다 내 모습이 이렇게까지 된 것일까.

매일 거울을 보며 물었다. "도대체 넌 누구니?"

살면서 삼십 년이 넘는 시간 동안 내 얼굴과 몸을 이렇게 나 자세히 들여다보았던 적이 있었을까? 꾸밈을 쫙 뺀 거울 속 내 본연의 모습이 낯설었지만 예뻤다. 내가 이렇게 생겼었구나? 난 거울을 보며 진짜 내 마음의 소리에 귀 기울이기 시작했다.

나는 무엇을 좋아하고 무엇을 싫어하며, 언제 행복감을 느끼고 언제 우울감을 느끼는지. 무얼 할 때 만족감과 뿌듯함을 느끼는지, 끊임없이 내게 물었다. 그리고 그렇게 계속해서 나와 대화하다 보면 참 신기하게도 어느새 내 영혼과 겉모습이 점점 더 가까워짐을 느꼈다.

'넌 그런 사람이었구나?' 내가 미처 주의 깊게 살피지 못했던 작은 감정들, 나의 꿈. 나는 나를 더 사랑하게 되었다.

'넌 누구니?'
'넌 뭘 좋아하고.'
'뭘 할 때 행복하니?'

나는 누구일까? 어떤 사람일까? '누구의 자식', '누구의 배우자', 이런 '누구의 누구' 말고. 그냥 '나' 말이다.

 물론 이런 수식어들이 한 사람의 정체성의 많은 부분을 차지하긴 한다. 내 경우도 태어나 자라며 마흔을 코앞에 둔 지금까지도, 누군가의 딸인 것이 내 자부심이자 자존감, 그리고 올바르게 살게 하는 원동력이었다. 나에겐 지켜 나가고 싶은 무거운 책임감이기도 했지만, 더 솔직하게 말하자면 그게 좋고 편해서였다. 그러나 그렇게 기대어 가는 것 말고, 그냥 '나' 말이다.

 어려서부터 나는 감수성이 풍부하고 공감 능력이 뛰어난 아이였다. 중학교 1학년 때, 옆 반이었던 1학년 7반 담임 선생님 머리가 가발이라는 소문이 돌았다. 수학 선생님이셨는데 암 투병으로 가발을 쓰셨다는 얘기였다. 우리 반을 맡지는 않으셔서 나와 따로 이야기해 본 적은 없었지만, 당시 엄마 나이 즈음 되신 분이 이른 나이에 암에 걸리셨다는 소식만으로도 마음이 아팠다. 그러나 짓궂은 아이들은 선생님의 가발을 놀려댔다. 나는 집에 와 무작정 선생님께 편지를 쓰기 시작했다. 힘내시라는 마음을 어떻게든 전하고 싶었다. 무슨 말을 그렇게 구구절절 썼었는지 정확히 다 기억나진 않지만 한 장도 아닌 두세 장이나 되는 편지를 써 들고 아침 일찍 교무실에 들러 선생님 책상 위에 몰래 두고 나왔다.

며칠 후 등교해 보니 내 책상에는 작은 시집이 하나 놓여 있었다. 류시화 씨가 엮은 법정 스님의 『산에는 꽃이 피네』였다. 그리고 그 안에는 선생님의 답장이 이렇게 쓰여 있었다.

>예쁜 가영이!
>순수함 그 자체인 가영이.
>오래오래 간직하자.
>
>>신영숙 선생님이

1999년에 인쇄된 이 작은 책을 나는 아직도 보물처럼 잘 간직하고 있다. 글을 통한 소통이 주는 영적인 힘을 처음 느꼈다. 마음을 전하고 싶다면 귀찮다 넘기지 말고 그 마음을 표현하는 용기가 얼마나 귀한 한 걸음인지 깨달았다. 얼마 후 선생님은 학교를 그만두셨고 이후 소식은 끊겼지만, 나의 편지가 그분께 두고두고 큰 위로가 되었길 바란다.

나는 정이 많다. 동시에 사람 스트레스를 많이 받는 편이다. 평소엔 무심한 편에 남에 대해 관심이 별로 없는데 나와 관계된 사람과의 사이에서는 조금만 불편함이 느껴져도 그게 해결되기 전까지 상당 기간 스트레스를 심하게 받았다. 가까운 사람 간의 감정에 대해선 굉장히 예민한 편이었다.

그래서 조금이라도 불편함이나 부담을 느끼게 할 말은 하기도, 듣기도 싫어한다. 언젠가부터 그게 나만의 관계 스트레스 방어법이 되었다. 하고 싶은 말이 있더라도 한 번 더 생각하고, 상대가 조금이라도 불편해질 수 있는 말이라 생각된다면 내 감정은 숨기더라도 참고 넘길 수 있는 게 배려라고 생각한다.

편하고 친할수록 선 넘지 않는 존중이 있어야 오래갈 수 있다고 생각한다. 어렸을 땐 사람에 대한 정이 많아 한 번 마음을 주면 이 사람은 끝까지 내 사람이었다. 그런데 그게 꼭 좋기만 한 것이 아니라는 걸 언젠가 깨달았다. 너무 편하고 가까워지다 보면 언젠간 반드시 한쪽은 서운한 감정이 생기기 마련이고, 명확한 기준이 없는 상대적인 서운함이라는 감정이 나에겐 부담이 됐다. 그래서 난 '서운할 권리'를 누구에게도 내어주지 않기 위해 적당히 어려운 사람으로 남는 게 관계에 나쁘다고 생각하지 않는다.

이런 내 성격 때문에 나는 누구에게나 마음을 쉽게 내주지 않으려 노력하게 되었고, 나를 보호하기 위해 모든 사람과 적당한 거리를 두려 노력하게 됐다. 여전히 어렸을 때의 나처럼 한 번 마음을 주면 끝까지 의리를 지키려는 '외골수'이긴 하지만, 경계를 하며 사람을 사귀기 때문에 친해지려면 한참이 걸린다. 다수의 사람과 두루두루 어울리기보다 굳이 말로 다 하지 않아도 마음이 잘 통하는, 오랜만에 봐도 어제 본 것처럼 자연스러운 소수의 깊고 긴 찐한 우정이 좋다.

 난 힘 있는 쪽에 잘 보이는 건 하기 싫다. 정당하지 않다는 생각이 들면 할 말은 반드시 해야 직성이 풀렸다. 세상은 균형이 맞아야 한다고 생각했고, 일방적으로 가해지는 압력이 싫었다. 특히 나에게 이래라저래라 강요하고 요구하고 제지하려는 사람에겐 '네가 뭔데 나한테 이래라 저래라야?' 하며 반감이 생겼다. 난 나만의 시간과 속도가 필요하고 조이고 속박하는 게 정말 싫다. 스스로 충분히 예의 있고 생각이 많은 사람이라고 생각한다. 그냥 놔두면 내 자율에 따라 내가 합당하다고 하는 선에서 내 할 일은 알아서 잘하는데, 내 의지 위에 누가 서서 조정하려 드는 건 용납하기 어려웠다.

 해야 할 일, 해야 할 역할, 이런 게 정해져 있는 건 아니라고 생각한다. 각자 알아서 서로에 대한 예의를 지키고, 알아서 할 일 하고, 알아서 책임지면 될 일이다. 계약서를 통한 업무의 영역으로 분명하게 나뉘어 있는 문제가 아니라면, "이건 네가 했어야지."라는 말 자체가 성립될 수 없다고 생각한다. 해야 하는 일이라 본인이 생각한다면 본인이 하면 된다. 그걸 왜 타인에게 미루나? 누군가가 나에게 강요하려 들면 난 그날부터 그 일이 더 하기 싫어졌고, 일부러 더 그대로 움직여 주지 않았다. 난 내 의지대로 움직이는 사람이라는 걸 보여주고 싶었기 때문이다.

이런 내 성향은 어렸을 때부터 그랬다. 난 강자와 약자 사이에서 약자 편을 들 때가 많았다. 나를 저울 위에 올려야 한다면 나는 더 힘없는 쪽에 내 힘을 보태고 싶었다. 청개구리 성격이 있었다고 해야 하나. 강자 편에 서는 게 꼭 나쁘다고 생각하진 않는데 그냥 내 성향이 그랬다. 아니, 약자라기보단, '수적으로는 약하더라도 그것이 내 생각에 옳은 일'이라는 표현이 더 맞겠다. 그렇다면 난 일말의 고민 없이 오히려 더 흔쾌히 그편을 드는 것을 선택했다. 그것이 힘 있는 강자 편에 서서 내 이익만을 도모하는 일보다 더 가치 있는 일이라 생각했기 때문이다.

중학교 때 전반기 학기면 꼭 반에서 따돌림당하는 애들이 있었다. 그러면 난 일부러 더 그 따돌림 당하는 애들에게 다가가 친하게 지냈다. 따돌림을 당하는 애들은 그 이유도 다양했다. 집이 잘살아서, 집이 못살아서, 얼굴이 예뻐서 얼굴이 못나서 등등. 모두 동등한 입장에서 누가 누구를 괴롭힌다는 게 싫었다. 반에서 따돌림당하던 애들에게 먼저 다가가 놀다 보면 학기 후반기쯤엔 그들과 나만의 그룹이 만들어졌다. 그러면 괴롭히던 애들은 머쓱해했고 더 이상 그 애들을 괴롭히지 못했다. 난 가진 게 많은 사람이었고, 어렸을 때부터 자존감이 높았다. 그리고 오지랖 넓게 어려운 일을 당하는 친구들의 방패막이가 되어주고 싶다고 생각했다.

그런 일이 있고 몇 년 후 미국으로 유학을 갔는데, 처음 싸이월드라는 게 생기고 그때 만났던 한 친구로부터 쪽지를 받았다. "가영아, 나 ○○인데 기억하느냐고. 그때 네가 내 편을 들어줘서 얼마나 고마웠는지 모른다고. 잘 지내고 있었으면 좋겠다고." 기억에 남는 감동적인 순간이었다. 내 행동이 틀리지 않았구나. 나의 작은 행동이 단 한 명에게 라도 조금이나마 도움이 됐다면 그건 오지랖이 아니라 선한 영향이지 않을까. 세월이 흐르며 현실 물을 먹고 나는 나의 그런 면을 많이 잊고 살았다. 사실은 결혼하고 남편에게서 이런 모습을 발견할 때가 많은데, 그럴 때마다 오히려 "당신은 사업하는 남자가 그렇게 마음이 약해서 어떻게 하냐고. 제발 오지랖 좀 부리지 말고 남 일엔 신경 끄고 당신 할 일만 잘하라."라고 말하고 있는 나 자신을 발견하곤 한다. 물론 남편의 오지랖은 여전히 아내인 나를 화나게 할 때가 많지만, 요즘 들어 예전의 나를 돌아보며 이런 일이 있었던 사실을 기억했다. 나는 사실 꽤 정의로운 사람이었다.

내 이익과 목적을 위해 조건을 따져 만나는 인맥 관리를 좋아하지 않는다. 작은 변수 하나만 바뀌어도 금방 멀어지고 깨어질 관계에 에너지를 쏟는다는 게 사실 좀 웃긴 것 같다. 어떤 변수나 어려움에도 의리를 지킬 수 있는 관계가 좋고, 나는 이미 살면서 끝까지 함께할 친구는 충분하다고 생각한다. 그런데 어쩌면 이런 생각도 좀 유연해져야 하는 걸까? 앞으로는 사람을 너무 경계하지 말고, 조금은 더 열린 마음으로 살아보는 것도 괜찮을 것 같은 생각도 든다.

난 세상에서 헤어짐이 제일 싫다. 어렸을 때 강아지를 너무너무 키우고 싶었다. 할머니 집 마당에서 며칠 키우던 예쁜 새끼 코카스파니엘을 우리 집 아파트에 데려와 키우기로 했는데, 얘가 벌써 마당에 적응해 놔서 엄마가 도저히 못 키우겠다고 이틀 만에 다시 할머니 댁으로 돌려보냈다. 난 다시 돌려보낼 수도 있다는 변수는 계산하고 있지 않았던 터라 첫 만남에 내 마음에 있던 모든 정을 다 줘버렸다. 내 의견도 묻지 않고 학원 가 있는 사이 루루를 다시 돌려보낸 엄마에게 잔뜩 화가 나 온종일 식음을 전폐하고 방에 틀어박혀 울었다. 할머니 집에 가면 얼마든지 루루를 볼 수 있었는데도 말이다. 아주 어린 애도 아니고 고등학생 때 일이다. 이런 소식을 전해 들은 외숙모들은 '아유, 저렇게 정이 많아 나중에 남자친구는 어떻게 만나려고 하느냐.'며 걱정했다. 정을 준다는 거에 무서움을 느끼며 경계하기 시작했던 게 그때부터였던 것 같기도 하다. 아직도 난, 세상에서 이별이 제일 두렵고 이별이 제일 어렵다.

사람은 누구나 저마다의 발달 된 행복의 매개체를 가지는데, 나의 경우는 '공간'이었다. 나는 테라스가 있는 계단 있는 집에 살고 싶었다. 어렸을 때 친한 친구 집이 마당이 있는 복층 집에 지하 놀이방까지 있었는데 친구 집이 너무 좋았다. 난 엄마에게 그 집처럼 복층인 집으로 이사 가자고 얘기한다는 걸 "엄마 우리도 이층집 가자, 이층집 가자. 응?" 했었는데, 엄마는 그걸 아파트 2층으로 가자는 얘기로 듣고 2층은 너무 낮고 어두워서 안 된다고 했다. 복층이란 단어를 몰랐던 어린 나는 내 말을 못 알아듣는 엄마에게 "아니! 내 말은 집에 2층이 있는 이층집!" 하며 답답해했다. 지금 생각하면 복층 집이 싫었던 엄마가 일부러 내게 못 알아들은 척했었던 건가 싶다.

내게 가장 행복했던 기억을 떠올리라면 아마도 평창동 할머니 댁에서의 추억일 것이다. 나 같은 손녀딸이 있어서 너무 행복하셨다는 할머니는 내가 뭘 해도 늘 내 편이 돼주셨던 세상 유일한 사람이었다. 나는 어렸을 때 할머니 댁에서 두 달 정도를 함께 살았다. 할머니와 함께 마당에서 키울 새를 보러 가 부리 색이 다른 작은 하얀 새 두 마리를 데려와 각각 로미오와 줄리엣으로 이름 짓고 키웠다. 아침이면 좋은 산 공기를 마시며 새가 지저귀는 소리에 잠에서 깼고, 커튼을 열면 통창 밖으로 하얗고 복슬복슬한 강아지가 인사하러 와 앉아 있었다. 다시 떠올려도 절로 미소가 머금어지는, 참 행복한 하루의 시작이었다.

평창동 언덕을 한참 올라 북한산을 등지고 동네를 내려다볼 수 있었던 아름다운 할머니 댁은 나무 한 그루 한그루부터 가족들만 알 수 있었던 비밀의 방까지 할머니의 손길이 안 닿아 있는 곳이 없었다. 앞에는 한참을 뛰놀 수 있는 넓은 마당에 뒤 연못에는 수십 마리의 잉어가 헤엄치는, 어린 내겐 천국 같은 곳이었다.

꼬맹이였던 나는 연못을 둘러싼 낮은 돌담 위에 위태롭게 서서 잉어 밥을 한 움큼씩 던지는 걸 좋아했는데, 나에게로 갖가지 색의 빛나는 황금 물고기들이 몰려들면 세상을 다 가진 것처럼 행복했다. 집안은 할머니가 직접 하나하나 사 모으신 미술 작품들로 가득했다. 기억이 시작되기 이전인 아주 어렸을 때부터 할머니의 안목을 보고 자란 나는 문화자본이 높은 사람으로 클 수 있었다.

할머니는 여든이 되시는 해에 본인이 직접 다 설계하셔서 지어 올린 애정이 많이 담긴 집을 파셨다. 큰 단독주택인 것도, 계단이 많은 집인 것도 연세 드신 할머니에겐 점점 더 관리가 어려워졌기 때문이다. 할머니가 그 집과의 이별이 아쉬웠던 만큼 나도 그랬다. 나는 여전히 종종 평창동 집에 놀러가는 꿈을 꾼다. 내게 가장 행복한 추억이 깃든 공간이기 때문일 것이다. 난 언젠가 나만의 꿈같은 집으로 돌아갈 날을 그리며 살았던 것 같다. 할머니에게 평창동 집이 그랬듯, 나의 모든 것이 녹아들어 있는 상상 속 꿈의 집 말이다.

난 기자나 앵커를 하고 싶었다. 어렸을 땐 9시 뉴스 앵커의 모습이 너무 멋있어 앵커가 하고 싶었지만, 실질적인 내 성격에 그렇게 잘 맞는 직업은 아니었을 것이다. 난 주목받는 것을 좋아하면서도, 좋아하지 않는다. 무대 공포증이 있어 앞에 나서는 것에 유독 긴장이 심해 매일같이 생중계로 전 국민에게 평가받는 것은 겪고 싶지 않은 공포 그 자체였을 것이다. 글쓰기를 좋아하고, 기록하는 것도 좋아하는 내 성향으로 보았을 때 신문기자는 했으면 잘했을 것 같다. 내 저변에 깔린 기자 정신 때문에 난 지금도 불의를 보면 그냥 지나치지를 못한다.

난 절대음감이었고 음악도 좋아했다. 음악이 있는 세상과

없는 세상은 너무나 극과 극의 다른 세상일 것 같다고 생각한 적이 많았다. 진작 작곡 공부를 좀 했으면 어땠을까? 작사도 해보고 싶다.

언론인, 인테리어 디자이너, 작곡·작사가 등 다양했던 어린 시절의 장래 희망과는 다르게 난 거의 공부를 쉬지 않고 박사까지 땄다. 공부나 연구에 정말 취미가 있어서라기보다 엉덩이가 무겁고 버티는 끈기는 있는 편이라 가능했다. 수많은 고비가 있었지만 난 포기하지 않았고 버텼다. 스스로가 대견했다. 언젠가 나만의 연구소를 세우고 대학교수가 돼 있는 모습을 상상하기도 하지만, 어떻게 흘러갈지 한 치 앞도 모르는 게 인생이니, 늘 그랬듯 어려워도 버티고 뚫고 나가다 보면 어떤 식으로든 더 멋진 내가 돼 있을 거라 믿는다.

나와의 대화는 한번 시작했다 하면 좀처럼 끝나지 않고 계속해서 불어났다. 잠시 잊고 살던 진짜의 나를 떠올리며 안아주고 싶었다. 나는 여전히 꿈 많고 하고 싶은 게 참 많은 사람이었다.

애썼다는 증표, 운명처럼 주어진 우수논문상

항암을 앞두고 머리를 단발로 잘랐다. 늘 긴 머리여서 중학교 때 이후로 이렇게 짧은 단발은 처음 해보는데 의외로 잘 어울려서 기분이 나쁘지 않았다. 이럴 거면 진작 단발로 좀 자르고 다닐걸, 왜 별것도 아닌 새로운 도전을 그렇게 겁내 했을까?

"오랜만입니다. 정가영 박사님, 2021년도 서울대학교 사회과학대학 우수논문 수상자로 선정되셔서 연락드렸습니다!"

머리를 자르고 나오는 길에 오랜만에 학교로부터 연락을

받았다. 내 박사 학위 논문이 각 학과에서 1년에 한 명씩만 주는 우수논문상을 탔다는 것이다. 우수논문 수상자는 서울대학교 사회과학대학에 이름이 영구박제 되기 때문에 실은 다른 그 어떤 상보다도 받고 싶은 상이었다. 연초에 졸업했는데 어느새 연말이 되어 운 좋게 내 논문이 선정된 것이다.

졸업하자마자 병을 발견했던 터라 사실 논문은 덮어두고 꺼내 보기도 싫었다. '이런 게 딱 병 주고 약 준다는 건가?' 하며 둘둘거렸지만, 속으로는 정말 기뻤다. 정말 필요했던 절묘한 타이밍에 눈물겨운 위로와 보상이었다. 교수님들께 감사했다.

운명인가 싶었다. 더 공부하고 연구하라는 뜻인가? 난 한번에 두 가지 일을 못 하는 사람이니 아이를 낳았다면 오로지 살림하고 육아하는 데에만 남은 인생을 올인했을 게 뻔하다. 신이 내 열정을 인정해 주신 걸까? 나를 계속 더 크게 쓰실 데가 있으신 걸까? 사실 시상식에 너무 가고 싶었는데, 항암 중이라 면역력이 약해져 사람 많은 곳에 갈 수 없어 참석하지 못했다. 이런 모습으로 오랜만에 뵙는 교수님들을 놀라게 해드리고 싶지도 않았다.

박사 논문은 한국의 국가브랜딩에 관한 주제로 썼다. 해외에서 8년간 유학 생활을 하면서 한국이 외국인들에게 어떤 이미지로 인식되는지가 모든 면에서 너무나 중요하다고 생각했던 적이 많았다. 그건 우리 모두의 정체성, 그리고 태어나면서부터 국제사회를 사는 미래 세대에게는 더더욱 큰 영향을 미치게 될 요소라고 생각했기 때문이다. 그러나 그저 일시적인 관광 마케팅과는 별개로 외국에서 바라보는 '한국'을 장기적 관점에서 브랜딩하는 일, 그 영향력과 중요성에 대해 기울이는 노력이 다른 선진국들에 비해 한국은 한참 부족해 보였다. 한국이 선진국 반열에 오르기 위해서는 어떤 식으로든 관광객을 유인해 '이때 빨리 잘 뽑아먹자!' 하고 단기적 효과를 누리려 하기보다, 장기적으로 한국의 이미지를 긍정적으로 브랜딩하는 일, 외국인들이 한국에 대해 가지고 있는 다양한 피드백을 지속적으로 검토하고 그것을 기반으로 한국에 관한 다양한 대내외적인 소통 과정을 구축하고 발전시키는 일이 중요하다고 생각했다. 그래서 평소 가지고 있던 이러한 궁금증을 박사 논문에서 이론적으로 풀어내 보고자 했다.

직접 피부로 느끼고, 필요하다고 생각했던, 내 관심사를 박사 논문으로 써내겠다는 열정 하나로 시작했지만, 그 과정은 쉽지 않았다. 한때는 내가 아픈 이유가 논문 때문인 것만 같아 한동안 논문 관련된 것들은 들여다보지도 않았다. 관련

된 자료들도 다 없애버리고 싶었다. 그렇게 어떻게든 원인을 찾아내고 싶었던 때가 있었다. 원망을 퍼붓고 탓할 대상이 필요했다.

그러나 모든 걸 겪어낸 후 알았다. 우리에게 일어난 일에 원인은 없다. 원인을 찾으려 하면 할수록 결국 더 상처받고 힘들어지는 것은 나 자신일 뿐이다.

환자에게 병의 원인을 따지는 것, 내 병의 원인이 이것 때문이었을 것이다, 저것 때문이었을 것이다, 자기들 마음대로 추측하며 단정 짓는 것은 매우 오만한 행동이며 환자에겐 더 고통 주는 일일 뿐이다.

병에는 원인이 없다. 그저 누구에게나 일어날 수 있는 일이, 당신에게도 일어날 수 있는 일이 나에게 먼저 일어났을 뿐이다. 그러니 행여나 그러려는 이가 있거든, 근거 없는 원인을 들이밀며 아픈 이들에게 또 한 번 상처 주는 일은 삼가길 바란다. 대신, 그저 그만큼 잘 살기 위해 애썼던 거구나 대견하게 생각해 주면 좋겠다.

누구도 내게 강요하지 않았지만, 포기하고 싶지 않았다. 난 계속해서 두 개의 큰 쳇바퀴를 굴렸고 마침내 이루어 냈다. 살면서 그런 뿌듯함을 느껴본 적은 처음이었다. 나는 이 상이 그렇게도 인정받고 싶었던 내게 주는 증표 같았다.

지금이라도 나 자신에게 꼭 말해주고 싶다.

정말 애썼다. 장하다. 수고했다.
너무 자랑스럽다.
이 고비만 잘 넘기고 우리 평생 행복하자.

항암 중 만난 환우

"유방암 2기 환자인데요, 항암과 방사선을 함께 해야 한다고 하는데, 연대 세브란스 병원이 잘하는지 혹시 아시나요?"

다섯 번째 항암을 하러 입원해 전 처치를 하고 체중과 몸무게를 재러 간호사실에 들렀다가 우연히 듣게 되었다. 나보단 나이가 한두 살 더 많아 보이는 한 환자가 한껏 걱정을 담은 어두운 표정으로 데스크에 앉아 있는 간호사를 붙잡고 항암에 관한 질문을 쏟아내고 있었다. 간호사실에서 대답해 줄 수 없는 질문들이었기에 얻고 싶은 답을 얻지 못한 환자는 답답함을 안은 채 돌아섰다. 그 여자의 표정이 너무나 절실해 보였다.

 방으로 돌아온 나는 남편에게 조금 전 상황을 설명했다. 그리고는 부랴부랴 옷장에 벗어두었던 가발을 챙겨 썼다.

 "어디 가려고? 가발은 갑자기 왜 쓰는데?"
 "항암에 대해 궁금해하는 거 같았어. 내가 도와줄 수 있을지도 모르잖아."

 난 대충 설명하고는 급히 방을 나섰다. 무슨 일인지는 모르지만, 왠지 내가 도움을 줄 수도 있지 않을까 생각했다. 내성적인 내 성격에 모르는 사람에게 불쑥 먼저 다가가 말을 걸 수 있을 진 모르겠지만, 어려운 일일수록 나눠야 한다고 생각했기에 나는 부끄러움을 뒤로하고 일단 방을 나섰다. 잊고 살았던, 어렸을 때의 내 모습이 다시 나온 것이다.

 환자복을 입고 있었으니 이 층 어딘가에 입원해 있는 환자 같았다. 그러나 그새 방으로 들어간 건지 병동 몇 바퀴를 돌아도 그 여자를 만날 수 없었다.

 아쉬운 표정으로 방으로 돌아온 내게 남편은 "너 또 어디 가서 오지랖 떨다 왔지?!"라며 웃었다. 나를 골때리는 말괄

량이로 생각하는 남편은 내가 자주 하는 이런 행동을 볼 때마다 정말 못 말리지만 귀엽다는 듯 웃었다.

"아니, 만나고 싶었는데 못 만났어. 아, 내가 다 괜찮을 거라고 말해주고 싶었는데…."

아쉬운 마음을 뒤로한 채 나는 항암제를 투여받기 시작했다. 한번 맞기 시작하면 6~7시간은 맞아야 하는 항암제 투여 루틴이 다섯 번째쯤 되니 나름 익숙해졌다. 이 병동에서 아마 내가 최고참일 거라며 남편에게 으쓱댔다.

저녁 8시쯤 되었을까, 약이 한두 시간쯤 남았을 때, 난 다시 옷매무시를 가다듬고 거울을 봤다. 그리곤 마치 급하게 반상회라도 나가는 아줌마처럼 "나 좀 나갔다 올게!" 하고 다시 병실을 나섰다. 남편은 또다시 정말 못 말리겠다는 표정으로 고개를 절레절레 흔들었다.

그런데 방을 나서자마자 바로 옆 통로 끝 창가에서 통화하고 있는, 아까 그 환자를 발견했다. 나는 내 방 앞을 서성이며 그녀의 통화가 끝나기를 기다렸다. 그리고 통화가 끝나는 것을 확인하고는 용기 내 다가갔다.

"저기요."

"네?"

"아, 아까 들으려고 들은 건 아닌데…. 간호사실에서 하시는 말씀을 들었어요."

"아 네…."

"혹시 항암을 준비하시는 건가요?"

"아니요. 항암은 저는 아니고 제 동생이요…. 아, 지난 5년간 정말 어떻게 살았는지를 모르겠네요."

경계하던 여자는 자연스레 자신의 이야기를 시작했다. 5년 전 그녀는 나와 같은 자궁내막암을 진단받았다. 결혼한 지 8개월 만에 발견했다고 한다. 다행히 초기였고 자녀가 없었기에 가임력을 보존하는 호르몬 치료를 선택했다. 나도 처음 선택했던 그 방법이었다. 그녀는 운 좋게 1년 만에 호르몬 치료를 통해 암세포가 모두 없어졌다고 했다. 내가 바랐지만 성공하지는 못했던 방법이 그녀에겐 통했던 것이다.

그녀는 언제 다시 재발할지 모르기 때문에 자연임신을 기다릴 새 없이 부랴부랴 난자를 채취해 시험관 시술을 진행했다. 그러나 1년 동안 세 번의 시험관 시술이 실패한 후엔 임신을 포기했다고 했다. 시험관 시술을 하려면 과배란 주사를 맞아야 하는데, 여성암 환자는 여성 호르몬 자극에 취약하기 때문이다. 재발에 대한 두려움이었을 거라 짐작했다.

"더는 불안해서 도저히 할 수가 없더라고요."

여성 암은 대부분 호르몬 자극으로 발병하게 되니 그 불안감이 얼마나 컸을지 충분히 짐작이 갔다. 아니나 다를까, 본인 목숨에 대한 두려움을 감수하고라도 아이를 원해 임신을 시도했던 그녀는 시험관 시술 후 곧바로 암세포가 재발했다. 더는 그 불안을 감당할 자신이 없어 미련 없이 수술했는데 그게 끝이 아니었다. 시험관 시술 시 시행했던 과배란 유도제 때문인지 그로부터 2년 후, 그러니까 지금으로부터 3개월 전 유방암세포가 새로 발견돼 2차 수술을, 그로부터 3개월 후인 얼마 전엔 난소에까지 종양이 발견돼 사흘 전 3차 수술 후 입원 중이었던 것이었다.

나는 할 말을 잃었다. 여성암 환자에겐 아이를 갖기 위해 감수해야 할 게 너무 많았다.

암을 경험했던 사람에게 가장 두려운 것은 전이이자 재발이다. 그런 상황이 5년 사이 세 번이나 일어나 수술을 무려 세 번이나 했다니, 상상하기조차 싫은 일이었다. 궁금해하는 그녀에게 나도 내 상황을 얘기했다. 그러자 오히려 그녀는 나를 위로했다. 호르몬 치료가 본인에게 성공하긴 했지만 하는 내내 너무 불안했었다고 했다. 그런데 그 불안했던 일이 내겐 그렇게나 더 일찍 일어났으니 얼마나 힘들었냐고 말이다.

아이를 위해 내 목숨을 담보로 할 수 있는 이런 행동들은 우리가 여자이기 때문에, 모성애라는 것을 본능적으로 갖고 태어난 사람들이기 때문에 가능했던 것이 아닐까.

"그런데, 얼마 전 동생까지 유방암 판정을 받았어요. 이게 다 무슨 일인지 모르겠어요. 세브란스에서 진단을 받았는데 2기라 항암과 방사선을 함께 해야 하고 호르몬제를 10년 동안이나 먹어야 한다고 했다네요. 저는 수술은 세 번 했지만 다행히 모두 초기에 발견해 항암은 하지 않았었거든요. 동생이 항암을 너무 걱정하고 있고, 항암 하면 머리도 빠진다고 하는데…. 조카 애가 열 살인데 애 학교는 어떻게 가냐며 망연자실하고 있어서, 지금 저보다 동생이 더 걱정돼서 간호사실에 물어봤던 거였어요."

너무 안타까운 사연에 나는 또 말문이 막혔다. 그러나 그 불안함을 누구보다도 내가 제일 잘 알기에, 할 수 있다는 자신감을 주고 싶었다.

"항암 별거 아네요! 저도 처음엔 무서웠는데, 생각보다 할 만하더라구요!"

"그럼 아직 항암을 하고 계신 거예요? 항암은 어떻게 하는 거예요?"

"이렇게요! 저 지금 항암하고 있는 거예요!"

최대한 밝은 표정으로 내 손목 정맥에 꽂혀 있는 링거를 가리켰다. 처음엔 나도 항암이란 건 도대체 어떻게 하는 것인지 두려워했던 적이 있었다.

"지금요?!" 여자는 나를 보며 놀랐다. "그런데. 머리는…. 괜찮으시네요?"

"아, 저 이거 가발이에요!"

나는 자랑스럽게 말하며 웃었다. 이런 상황을 예측하고 안심을 주고 싶어서 부랴부랴 가발을 챙겨 쓰고 나온 것이었다. 괜찮다는 걸 직접 보여주고 싶었다.

여자는 너무 놀라워했다.

"여기 항암 하시는 분들 보면 너무 힘들어 보여서 걱정이 많았었는데. 환자분 뵈니까 좀 안심이 돼요…. 정말 감사합니다."

"저도 처음엔 그랬어요. 동생분께 괜찮다고 너무 두려워 말고 다 견딜 수 있을 거라고 전해주세요."

가발 정보를 묻는 그분께 나는 홍보대사라도 된 양 알고 있는 모든 정보를 알려주었다.

"먼저 얘기해 주셔서 너무너무 감사합니다. 5년 동안 같은 일을 겪으신 분과 얘기해 본 게 오늘이 처음이에요. 정말 그 마음고생은 말로 다 표현할 수가 없어요. 겪어보지 않은 사람은 몰라요. 주위에는 다 멀쩡히 아무 문제가 없는데…. 나는 이 나이에 죽음을 생각해야 한다는 게…."

그녀는 정말 간절히 기원하는 눈빛으로 내게 말했다.

"꼭 완치되셨으면 좋겠어요!"
"저도 기도하겠습니다."

처음 만난 사람이었지만, 그 간절함만큼은 바로 통하는 게 느껴졌다. 진심이었다. 나는 기쁜 마음으로 방으로 돌아와 남편에게 방금 있었던 일을 자랑했다.

내 도움이 꼭 필요했던 이에게 필요한 도움이 되었다는 게 얼마나 뿌듯하고 기쁜 일인지, 힘들고 어려운 일일수록 그 마음을 나눈다는 게 얼마나 의미 있는 일인지 깨달았다. 나는 선한 영향력을 전하는 사람이 되고 싶어졌다.

기다리고 버티면, 반드시 그 시간은 온다

언제 오려나 싶었던 시간이 어느덧 코앞으로 다가왔다. 절대 오지 않을 것 같았는데, 기다리고 버티면 그 시간은 반드시 온다.

난 항암을 최대한 긍정적으로 생각하려 노력했다. '마흔을 앞두고 내 몸 한번 깨끗하게 청소하는 딥 클렌징이라 생각하자. 이 김에 내 몸속 나쁜 것들 다 없애버리자. 모두 건강하게 재생시키고 다시 태어나는 거야!'

3주에 한 번씩 항암 주사를 맞고 회복하고 또 가고를 반복하는 4개월 동안이 내겐 몸의 세포뿐 아니라 정신적으로도 많은 것을 내려놓는 디톡싱 기간이었다. 항암을 한 첫 일주일은 급격히 기력이 쇠진해 아무것도 할 수가 없었다. 아무것도 먹고 싶지 않았다. 사는 게 이렇게 힘든 일이었다니. 모든 걸 포기하고 싶게 몸이 말을 안 들었다. 약이 내 몸을, 내 정신을 지배한다는 게 무서웠다.

겨우 일주일을 버티면 2주 차엔 신기하리만큼 반짝 멀쩡해졌다가 3주 차엔 마음이 바빠졌다. 곧 다시 다음 항암을 하러 병원으로 돌아가야 하고, 항암을 하면 그 일주일은 아무것도 할 수 없다는 걸 알고 있었기 때문이다. 이런 루틴이 반복되자 겨우 컨디션을 회복한 3주 차만 되면 온 집을 치웠다. 어떨 땐 너무 멀쩡했고, 어쩔 땐 좀 쓸쓸했지만, 꽤 시원섭섭한 마음으로 계속 집을 치웠다. 짐을 너무 많이 끌어안고 살지 말자 다짐했다.

나는 많이 사는 사람도 아니었지만 잘 버리지 못하는 사람이었다. 8년 전 외할머니가 돌아가셨을 때 엄마와 할머니 댁 물건들을 정리하는 게 무척이나 힘들었던 기억이 있다. 검사 차 병원으로 가셨던 할머니가 당연히 다시 집으로 돌아오실 줄 알았지만, 할머니는 끝내 집으로 돌아오지 못하셨다. 주인만 덩그러니 사라진 그 공간에서 할머니의 물건들을 마주

하는 일이 엄마에게도 나에게도 큰 슬픔이었다.

할머니는 생전 자손들에게 자신의 것들을 미리미리 나눠 주셨다. 그리고 그때마다 하나하나에 담긴 소중한 역사와 추억을 얘기해 주셨다. 그래서 할머니에 대한 마음이 여전히 내 일상 곳곳에 스며들어 있다.

"이건 할머니가 언제 어디에서 샀던 옷이고, 이건 할아버지가 출장 다녀오실 때 사 주셨던 거야. 이건 너희 엄마가 대학생 때 미국 가서 할머니 선물로 사다 줬던 거고, 이건 너희 엄마가 할머니 몇 세 생일 선물로 사 줬던 가방이야."

연세가 들수록 할머니를 뵈러 갈 때마다 할머니가 소중히 사 모으셨던 물건들을 가져가란 말을 많이 하셨는데 엄마는 "뭘 벌써 자꾸 주려고 하냐고. 엄마 더 갖고 계시다 나중에 주세요."라며 매번 거절했다. 딸인 엄마는 엄마와 헤어지는 것 같아 섭섭하고 싫어서였지만, 지금 생각하면 할머니는 자신만의 방법으로 살아계시는 동안 자기 삶을 정리 중이셨던 거였다.

할머니의 그 마음을 나는 지금 이해하고 있다. 계속 비우면서 또 채워가면서 살아가자 다짐했다. 이때부터 꼭 일상의 숙제처럼 정리 정돈에 대한 강박이 생긴 것 같다.

 난 여전히 끝나지 않는 집 청소를 계속한다. 버릴 것은 그때그때 버리고, 정리한다. 여전히 어떤 날은 거짓말처럼 아무렇지 않다가, 가끔은 아주 괜찮지 않았지만. 계속 나를 다스리며 집을 치우는 일이 이젠 숙제 같은 일상이 되었고, 그게 내 지난 마음들을 정리하는 일이었단 걸 아주 많이 지난 다음에야 깨달았다.

 항암이 끝날 때마다 나는 최대한 밝은 목소리로 식구들에게 연락했다. 아빠는 내 씩씩한 목소리에 "가영아, 고맙다…. 이렇게 씩씩해 줘서…. 아빠 오늘 하루 종일 긴장하고 있었어…."라며 고마워했다. 가족들을 마음 아프게, 긴장하게 했다는 게 나는 늘 미안했다.

 항암을 하며 해가 바뀌었고 나는 한 살을 더 먹고 서른여섯이 됐다. 항암을 하는 4개월 동안 우리가 함께하는 세 번째 크리스마스, 새해, 우리 둘의 생일이 모두 지나갔다. 1년을 10년처럼 산 나는 분명 그만큼 더 성장해 있다고 믿는다.

 지나간 시간을 생각하며 병동을 많이 걸었다. 진짜 여기서는 내가 최고참이겠네. 날이 어둑해지자 복도 끝 유리창에 비친 내 모습에서 마지막까지 아주 꼿꼿하고 당당하셨던, 사랑하는 외할머니 모습이 보인다. 매일매일 보고 싶은 사람. 여전히 내 기억 속에 살고 계시는 할머니는 늘 나를 지켜주고 계셨다. 그래, 나는 그녀의 손녀딸. 50%? 웃기고 있네! 나는 다 이겨낼 수 있어!

6시 45분쯤 되자 교수님이 들어오셨다. 반가웠다.

"이제 병실에서 뵙는 건 마지막이겠네요. 교수님?"
"그러네요. 그래야 하구요!"
"아까 또 이야기를 들었는데요, 저같이 전이가 된 경우는 보통 림프절까지 다 퍼져 있는 경우가 다반사라고 하던데. 다른 곳으로 하나도 번지지 않은 경우는 거의 본 적이 없는 케이스라고 하더라구요. 맞나요?"
"맞아요. 의학적으로도 굉장히 드문 케이스입니다."

수술 후 내 조직검사를 분석하던 영상의학과 의사들도 어떻게 이럴 수가 있냐며 몇 번을 다시 확인했다고 한다.

"선생님, 저는 그럼 천운인 거네요?" 나는 밝게 웃었다.

"같은 상황도 어떤 사람은 긍정적으로 받아들이고 어떤 사람은 부정적으로 받아들이는데요, 숫자로 단정 지을 순 없지만, 긍정적으로 받아들이는 사람의 경과가 월등히 더 좋게 나타나고 있어요.

가영 씨는 정신력이 정말 강하신 것 같아요. 제가 근래 본 항암 환자들 중에 가장 씩씩하게 잘 해내셨어요. 즐거운 생각만 하고, 스트레스받지 않는 것이 제일 중요합니다."

"그렇죠, 선생님? 스트레스받지 않는 게 제일 중요하죠?" 난 웃으며 남편을 쳐다봤다.

"그럼요! 특히 가족에게 받는 스트레스는 제일 안 좋습니다!" 선생님은 나와 남편을 보며 웃었다.

"이제 저와 계속 외래에서 보실 거예요. 경과를 제가 계속 체크하면서 볼 거니까, 관리 잘하시면 정가영 씨의 경우 예후가 아주 좋을 것으로 예상하고 있습니다."

"선생님 저 부탁이 하나 있는데요."
"네 말씀하세요."
"제 케이스, 선생님이 꼭 연구해 주세요."

연구자로서의 부탁이었다. 자궁내막암은 여전히 활발히

연구가 진행 중인 병이라고 하니 난 내 케이스가 다음 환자를 위한 밑거름이 되었으면 했다. 또다시 나와 같은 아픔을 겪는 젊은 환자가 없었으면 했다. 어떻게든지 내 삶이 의미 있게 쓰였으면 했다.

"연구. 네 가영 씨. 꼭 그러겠습니다."

내 마지막 항암은 2022년 2월 25일, 밤 10시가 다 돼서야 끝났다. 마지막이라 그런가, 조금 답답한 듯싶기도 했고 허기도 져서 바깥 공기도 쏘일 겸 병원 밖으로 나가 좀 걷기로 했다.

이 밤중에도 병원엔 숨죽여 기다리는 사람들이 많다. 병원 침대 한 대가 옆으로 지나갔다. 또 젊은 여성, 수술 후 이동 중인 것 같은데 아직 마취에서 깨어나지도 못했다.

병원 밖으로 나서려는데 오른쪽 골목에서 곡소리가 들린다. 멈췄다. 어디서 들리는 소리지? 장례식장은 여기가 아닌데. 동관, 방사선 종양내과 쪽이다.

"나에겐 이제 한고비 넘겨서 희망의 시간인데, 누군가에겐 또 절망의 시간이네…."

누군가에겐 이별을 준비해야 하는 시간인 걸까. 끊일 줄을 모르게 퍼지는 곡소리가 가슴을 후벼 팠다. 나에겐 큰 고비를 무사히 넘긴 마지막 항암 날이었는데도, 마음이 편하지 않았다.

남편에게 쓴 편지

 밥 한 끼를 먹어도 대충 먹기 싫어하고, 화장실에 잠자리까지 예민한 남편은 여섯 번째쯤 되니 병원에 올 때 자기 이불 베개까지 싸 오는 지경에 이르렀다. 병원에 한 번 오려면 1박인데도 보호자 짐이 한 보따리였다. 그런 짐을 끌고 나서는 남편의 모습도 내 눈엔 그저 고맙고, 귀여웠다.

 3주에 한 번씩 항암을 위해 남편과 입원하는 시간이 사실 내겐 꼭 소풍 같았고 데이트 같았다. 항암은 익숙해져도 늘 무서웠고 항암제를 맞으면 얼마나 힘든지를 알면서도 난 남편과 함께 병원 가는 길이 싫지 않았다. 아니, 어쩔 땐 병원

가는 날이 기다려지기도 했다. 그 시간만큼은 남편이 전적으로 내 편이 돼주었기 때문이다.

투병하는 동안 나는 나 자신뿐 아니라 우리가 함께하는 미래에 대해서도 많은 생각을 했다. 돌아보면 우리의 신혼은 지난 30 몇 년간 각자가 가지고 있었던 '당연함'에 대한 기준들을 깨부수는 과정이었다. 우리가 당연하다고 알고 있었던 모든 것이 실은 당연하지 않다. 각자가 가지고 있는 당연함에 대한 기준을 부수지 않고 내 기준만 고집한다면, 두 사람은 결코 이상함과 이해되지 않음의 벽을 넘을 수 없다는 걸 결혼 후에야 알게 됐다. 그건 내가 바라는 결혼 생활이 아니다.

병원에 있는 동안 우리 앞으로 함께할 미래에 대해 많은 대화를 나눴다. 함께하는 날들이 영원할 걸로 믿었던 온전한 날들에는 오히려 남편과 이런 진지한 대화를 나눌 기회가 별로 없었다. 우린 다른 건 생각하지 않고 오로지 하나의 공통된 목표만 생각하기로 했다. 우린 함께 살고 싶었다.

결혼 전 우린 서로에 대해 궁금한 것도 참 많았고 함께할 미래에 관한 이야기도 많이 나눴다. 설레는 표현도 많았다. 나는 그런 말들을 들으면 잊고 싶지 않아 그때마다 일기장에 적어두었다. 마지막 항암을 앞두고 입원할 짐을 싸며 생각이 많아져 오랜만에 그때의 일기들을 꺼내 보았다.

> 난 너를 만나서 정말 운이 좋은 사람이야. 너를 만나서 너무 좋아. 내가 너라도 나만큼 너를 좋아하면 좋을 거 같아. 너도 나만큼 좋았으면 좋겠어.
>
> 우리가 어렸을 때 만났으면 넌 내가 엄청 놀렸겠지. 딴 놈들이 놀리는 건 방어해 줬겠지. 나만 널 놀릴 수 있었겠지. 세상에서 내가 너를 제일 예뻐한다구. 네가 있어서 내가 더 재밌지. 우리가 요 나이에도 이렇게 같이 있으면 재밌는데, 나이 들면 얼마나 더 재밌겠어. 내일은 더 재밌을 거야, 너 하고 싶은 거 다 해!
>
> 내가 95%는 정말 잘할게. 부족한 5%만 좀 참아줘. 물론 슬플 때도 있겠지만, 대체로 행복하게 해줄게. 내가 표현력이 없어서 기분 나쁘게 말할 때도 있겠지만, 일부러 못되게 얘기하거나 의도 있게 그러는 건 아니니까, 네가 말해주면 바로 고칠게. 난 자기밖에 없어, 난 부족한 사람이야. 난 애야. 그러니까 네가 나를 키워줘야 해…. 나한테 잘해줘….

연애할 때야 무슨 말을 못 하겠냐마는, 지금 우리 결혼생활

에 가장 부족하다고 느끼는 이런 표현을 이렇게나 잘해준 사람이었다니, 새삼 놀랍고 그 모든 순간 남편이 나를 향해 짓던 표정들이 다시금 떠올라 눈물이 났다. 정확히 어떤 마음이었는지 모르겠다. 불과 얼마 전 일인데 벌써 그 좋았던 기억들이 흐릿해지고 있는 게 슬프기도 했고, 서로에게 설레던 순간들이 그립기도 했다. 그렇게 그와 함께하는 일상을 기대하며 결혼했는데, 막상 결혼 후 함께하는 새로운 즐거움보단 늦게 들어오는 남편과의 갈등으로 상처받고 혼자여야 했던 많은 순간이 떠올라 서글프기도 했다. 그리고 이렇게 온 마음을 다해 사랑해 준 남편의 깊은 마음을 더 믿어주지 못하고 변했다고 의심했던 내 마음이 미안했다.

최근 부부에 관한 드라마를 쓴 이혼 전문 변호사 최유나 작가는 부부를 '가족이 되어버린 남'이라고 정의했다. 부부란 가족으로서 주고받아야 하는 애정과 신뢰를 나누는 관계이자, 타인에 대한 예의와 이해도 함께 공존해야 하는 묘한 관계라고 말이다. 부부란 가족이지만 기본적으로 남의 본질을 지니고 있어야 한다는 이야기였다. 우리의 다툼도 가족이니 그냥 좀 이해해 주고, 받아줬으면 좋겠는 남편의 마음과 그건 타인으로서 아내에 대한 예의의 범주를 벗어났다고 느끼는 나 사이에서 오는 갈등이 아니었을까?

내가 아프지 않았더라면, 그렇다면 우린 지금 어떻게 됐을까? 우리의 도돌이표 같은 싸움은 멈추지 않고 더 심해졌을까? 만약 그렇다면 내가 아팠던 건 하나님이 우리에게 서로가 얼마나 소중한 존재인지를 다시 일깨워 주시려고 주신 선물일지도 모른다는 생각이 들었다.

아프면서부터 남편은 모든 내 병원 서류에 서명하는 공식적인 내 보호자가 됐다. '아, 이 사람이 앞으로 내 평생을 보호해 줄 내 남편이구나.' 그제야 실감이 났다. 매번 항암 전 해야 하는 필수 검사들이 있었는데, 반복되는 루틴이 여섯 번째쯤 되니 우리 둘은 그렇게 손발이 착착 잘 맞게 움직일 수가 없었다. 그 팀워크가 새삼 흐뭇하게 느껴졌고, 듬직한 보호자가 옆에 있다는 게 그렇게 든든할 수가 없었다.

병원에 가면 남편이 내 편에 서서 우리의 미래를 여전히 기대하게 하는 나와 당신, '우리의 이야기'를 했다. 난 남편과의 이런 대화가 좋아 힘들어도 병원 가는 날이 기다려졌다. 나는, 또 당신은 남은 인생을 어떻게 살고 싶은지, 연애할 때처럼 서로의 삶에 대한 가치관을 나누다 보면 어느새 금세 시간이 지나가 항암이 끝났다.

평생 이런 대화를 이렇게 간절한 마음으로 나누는 부부가 과연 얼마나 될까? 더 존중하고 더 이해받고 싶고 함께하고 싶어 가족이 됐는데, 가족이 된 순간부터 오히려 서로를 향한 따뜻한 관심과 대화는 줄어드는 경우가 많다. 서로의 존재를 너무 당연히 생각하게 되는 탓일까, 가장 가까운 사이가 되어야 할 부부가 실제로는 서로에 대해 얼마나 잘 알고 있으며, 서로의 마음과 생각에 대해 얼마나 물어주고 궁금해하는가? 그렇게 돌고 돌아 어렵게 부부라는 값진 연을 맺었는데, 이런 기회가 아니었다면, 두 사람의 새로운 삶에 집중하는 이런 진짜 대화는 과연 언제, 평생 얼마나 나눌 수 있었을까?

가족이 됐으니 이제 맞춰주고 희생해 줬으면 하는 마음보다 앞서야 하는 건, 저 사람이 나로 인해 더 행복해졌으면 하는 마음이다.

마지막 입원이라고 생각하니 마음이 좀 싱숭생숭했다. 주마등처럼 스쳐 지나가는 날들이 믿을 수 없는 바람처럼 느껴졌다. 그냥 다 감사했다. 난 마지막을 기념해 남편에게 그동안 전하고 싶었던 말들을 적은 편지를 몰래 준비해 챙겨와서는 항암이 끝나고 짠! 남편에게 전했다. 남편은 입을 삐쭉 내밀고 "뭐야~" 하더니 이건 지금 안 읽고 내가 자고 있을 때 자기 혼자 읽겠다며 덮어두었다.

새벽에 눈이 떠졌다. 해가 다 떠오르진 않았지만 아주 어둑함은 지난 그런 시각. 엄마가 창밖을 바라보고 앉아 있었던 그 시각이다. 아직 자고 있을 줄 알았던 남편은 일어나 나를 등지고 앉아 뭐를 보고 있었다. 내 편지였다.

"오빠 뭐 해? 언제 일어났어?"

남편은 왜 벌써 일어났냐며 소매로 얼른 눈물을 닦고는 뒤돌아 나를 보고 냅다 내가 누워 있던 침대로 들어와 내 품에 안겼다. 11개월 전 처음 진단받은 후 진료실을 나와 놀란 가슴을 부여잡고 그의 품에서 울었던 나처럼 그는 이제야 그동안 참아온 눈물을 내 품에서 쏟아냈다.

남편!

드디어 하루하루 손꼽으며 기다려 온 마지막 항암 날이네. 기다리던 날에 도착했는데도 시간이 금방 지났다는 말은 영 나오지가 않는다.

지난 몇 달간의 사진을 백업하며 우리가 겪어온 시간은 다 무얼까. 많은 생각이 들더라. 얼마든지 더 딥한 우울감에 빠질 수도 있던 상황에서 내가 그 진흙 속에 빠지지 않게 당신이 옆에서 계속 나를 잡아주고 있었단 생각이 들어. 빠질 만하면 잡아끌어 올려주고 빠질 만하면 당겨 올려주고. 당신도 많이 힘들었을 텐데..

무엇보다 이건 너에게 생긴 일이 아니라 우리에게 생긴 일이라고. 그렇게 생각해 주고 항상 그렇게 얘기해 줘서 너무 고마워.

우리에게 왜 이런 일이 생겼을까? 여전히 한 번씩 참을 수 없이 이런 물음이 올라와 북받칠 때가 있어. 그런데 내가 아프면서 깨달은 한 가지는 이렇게 정답이 없는 물음에는 그 답을 불행이 아닌 행복에서 찾아야 한다는 거야. 운명의 설계사가 있다면, 나를 불행으로 이끌려는 이들보다 행복으로 이끌려는 이들이 더 많다고 믿어. 그게 하나님이든, 나의 조상이든 이 일을 내 앞에 놓아둔 데에는 앞으로 남은 내 인생을 더 강하고 행복하게 살게 하시기 위함이라 믿고 싶어. 그렇게 자꾸 생각하다 보면 '그게 곧 왜 이런 일이 생겼을까.' 하는 궁금증을 풀어주는 답이 되더라.

많은 말들을 썼다 지웠다를 반복했는데…. 내 마음을 다 전하지는 못하겠지만.

오빠를 만나 당신을 닮은 아이를 낳고 더 큰 행복을 만들고 싶었다는 거…. 그 마음만 알아줬으면 좋겠어. 살면서 문득문득 아쉽고 궁금하고, 때로는 대상이 없는 답답하고 억울한 생각이 들기도 하겠지. 너무 간절히 원했으니까.

우리를 닮은 아이는 참 예뻤을 거야. 내가 임신이 됐다는 소식을 전할 때 오빠는 어떤 표정을 지었을까. 울보가 아마 또 울었겠지. 아이를 품는 10개월은 어떤 기분이었을까. 오빠는 매일매일 아빠라며 내 배를 쓰다듬고 마사지해 주며 우리는 또 깔깔거리고 웃었겠지.

예쁜 나의 아이는, 그리고 내가 꿈꿨던 아이와 함께하는 단란한 가족의 모습은 미지의 세계, 내 상상 속에만 존재하게 되었지만. 그 미지의 세계도 우리가 공유하는 우리 인생에 꽤 큰 부분으로 자리 잡을 것 같아. 왜 남들에게는 다 허락되는 그 당연한 일이 우리에겐 허락되지 않는 건지 그 원망이 나 자신을 향할 때가 가장 힘들었어. 그래서 난 반대로 생각하기로 했어. 우리 둘이 함께 살아내는 멋진 삶 또한 남들에게는 허락되지 않는 우리에게만 특별하게 주어진 삶이라고 말이야!

오빠가 늘 응원해 줬듯이 난 당신과 내가 함께하는 미래를 더 열심히 더 행복하게 살아낼 거야. 그러니까 당신도 이 삶에 지치지 말고 우리가 함께 바랐던 간절한 마음 잊지 말고, 나와 함께 잘 버텨줄래? 우리 이번 생, 세상에 지지 말고 충분히 풍성하고 멋있게 위너의 삶으로 만들자! 사랑해!

2022년 2월 24일
사랑하는 당신의 아내가

남편에게 마지막으로 물었다.

"오빠 정말 아기 없어도 되겠어?" 이 질문을 하는 게 이제는 눈치가 보일 지경이었지만 그래도 난 또 한 번 물었다.

"난 진짜 괜찮다니까! 나 진짜 마지막으로, 정말 솔직히 한 번만 말한다! 나 정말 괜찮아. 내 정말 솔직한 마음을 말한다면 처음부터 나는 나 닮은 아이가 없는 건 정말 하나도 아쉽지 않았어. 그런데 네 카톡 사진 속에 그 아이, 네 사진첩 속 어렸을 때의 너, 그 뚱한 표정을 한 너 닮은 아이 얼굴은 한 번 보고 싶었는데, 생각해 보니 나한텐 네가 있잖아. 너 보고 살면 되지 뭐! 매일매일 골때리는 네 표정 보면서, 난 평생 진짜 너를 보면서 살 수 있잖아. 그러니까 난 정말 괜찮아."

이제 막 새출발을 한 우리 부부에게 지난 1년은 분명 쉽지 않은 시간이었다. 오는 것들을 막을 방법이 없었다. 속수무책이었다. 때론 인간이 얼마나 나약하고 무기력한 존재인지 깨달았고 한낱 찰나에 불과한 인생의 덧없음을 느꼈다.

그러나 젊어서 고생은 사서도 한다는 말이 있지 않던가. 신혼에 함께 넘은 이 고비고개가 우리에겐 더없이 견고한 뿌리가 돼줄 거라 믿는다.

살면서 오는 어려움을 피할 길은 없다. 우리는 또다시 크고 작은 어려움을 맞닥뜨리며 살아가게 될 것이다. 그러나 그런 순간이 오더라도 나는 지금, 이 순간을 떠올리며 내가 얼마나 간절히 원하던 순간인지를 기억하며 또다시 극복해 나갈 것이다.

우리 삶에 불안을 안기는 미지의 변수는 더 이상 생각하지 않기로 했다. 그리고 그렇게 나를 살리고 간, 운명 속에 있다던 우리의 아이를 조금씩 보냈다. 대학 가고, 취업하고, 결혼하고, 아이 낳고, 기르고…. 죽는 그 순간까지 숙제와 걱정의 연속인 우리 인생에서 우린 남들보다 조금 더 일찍, 그 숙제를 조기 졸업했다고 생각하기로 했다. 그리고 이제 진짜 내가 원하는, 우리가 원하는 우리의 인생을 제대로 한번 살아보자 다짐했다.

재미나게 살아갈 기대,
늙어감에 대한 두려움

하나를 잃으면 또 하나가 주어지는 것이 인생이다. 우리는 과거에 사로잡혀 인생을 낭비하지 말고 주어진 현재를 긍정적으로 받아들이려 노력하자 했다.

살면서 한 번도 생각해 보지 않았던 아이 없이 둘이 사는 삶을 생각하다 보니 앞으로 삶을 대하는 자세가 많이 달라지겠단 생각이 들었다. 가장 처음 생긴 변화는 죽음에 대한 두려움이 없어졌단 것이다. 신기했다. 마음이 한결 가벼워지고 부담이 줄고 걱정이 없어졌다. 어떻게 난 애가 있어봤던 것도 아닌데 생각만으로도 마음의 변화가 생길 수 있지? 그냥 나 죽는 순간 '후회 없이 잘 살다 간다!' 하고 홀연히 떠날 수 있게만 살자 싶은 생각이 들었다.

죽는 순간이 무섭거나 슬플 거 같지도 않았다. 남편이 평소처럼 잘해주면 이 인생이 행복하고 뒤로 하기 너무 아까워 오래오래 살다 갈 것이고, 남편이 싸울 때처럼 자존심 세우고 곱지 않은 말을 자주 내뱉는다면 그냥 적당히 잘 살다 갈 것이다. 잠시 헤어졌던 보고 싶은 사람들을 다시 만나러 가는 길이 기쁘고 경쾌할 것 같다. 모든 걸 훌훌 털어버린 가벼운 마음으로 미소 짓고 있는 내 마지막 모습이 그려졌다.

"우리는 4~50대에는 아무 걱정 없어. 우리는 이때 놀아야 해. 아니면 나중에 너무 억울할 것 같아."

남편은 이 말을 자주 하는데 나도 동의한다. 이건 내 인생, 우리의 인생이다. 보통 내 나이엔 인생의 끝을 상상하기 어렵다. 그러나 나는 그 끝을 봤다. 인생이 그리 길지 않다는 걸 내 몸의 모든 세포로 깨닫고 나서는 너무 먼 계획은 세우지 않기로 했다. 미래를 위해 현재를 아끼고 희생하는 삶은 더 이상 살지 않을 것이다.

사회가 정해준 지금 해야 하는 일을 하느라 내가 지금 하고 싶은 일을 미루지 않기로 했다. 나중에 더 행복하기 위해서보다, 지금 행복한 삶을 살고 싶어졌다. 남편 말처럼 나중에 후회하며 억울해지고 싶지 않다.

주어진 인생에서 우리는 좋은 것만 보기로 했다. 남들과 다른 상황에 놓인 우리에게 남들의 잣대에 따라 살라고 한다면, 그건 정말 억울할 것이다. 우린 스스로 우리만의 보상을 더 적극적으로 찾으며 살기로 했다.

가장 기대되는 것은 젊어서 누릴 수 있는 여유 있는 삶이다. 나는 사실 마음이 굉장히 바빴다. 결혼도 남들보다 좀 늦은 편이었고, 해야 할 숙제가 계속 밀려 있는 느낌이었는데, 막상 이렇게 되고 보니 오히려 인생의 속도가 이제야 내게 맞춰진 것 같았다.

"넌 남들보다 한 15년은 더 번 거야!"라며 엄마는 날 위로해 줬었는데, 그 말이 무슨 말인지 알 것 같다.

나는 남편과 우리의 남은 젊은 날을 함께 신나게 놀아 보기로 했다. 이런 삶을 일부러 선택하는 사람들도 있는데, 잃은 것만 생각하기엔 인생이 너무 아깝지 않은가?

대신 늙어가는 것에 대한 두려움은 더 커졌다. 늙어감에 대해 남편의 두려움은 내 것보다 더 큰 것 같았다. 사실 난 5년 생존율이 50%라는 말을 들은 후부터는 당장 내가 몇 년을 더 살 수 있을지, 코앞의 날들부터 생각하느라 너무 먼 미래까지는 생각할 겨를이 없었다. 그런 내 옆에서 남편이 혼자 얼마나 외롭고 두려웠을까를 생각하면 지금도 마음이 아프다.

"젊어서는 아무 걱정 없어. 오히려 더 좋은 면도 많겠지. 나중에 늙어서가 문제지. 늙어서 외롭고 찾아오는 사람도 없고 하면 초라해지니까. 자식이 없으면 '에이 몰라 애가 돌봐주겠지.' 하는 마음은 먹을 수가 없잖아. 돈을 많이 벌어야 해. 의지할 데가 오롯이 내 능력밖에 없어. 그래야 나중에 초라해지지 않게 우리를 지킬 수 있어."

올해로 마흔이 된 남편은 돈을 많이 벌어놔야 우리를 지킬 수 있다는 말을 자주 했다. 아픈 아내를 둔 남편 입장에서 그런 조바심이 생길 수도 있겠구나 싶어 슬펐다. 그러면서도 자신을 지키기 위해 열심히 돈을 벌어야 한다는 결연한 의지가 오히려 사는 데 더 좋은 동기부여가 될 것 같기도 했다. 같은 일을 하더라도 어쩌면 자식에게 물려주기 위해, 누군가를 책임지기 위해 내가 하기 싫어도 해야 한다는 마음가짐보단, 나 자신을 위한다는 마음이 한 번뿐인 삶을 대하는 더 즐겁고 긍정적인 자세가 될 수도 있을 것 같았다. 그래도 속상하지 않은 건 아니었다.

한편으론 참 아이러니했다. 그렇게도 아이를 원했는데, 아이 없이 살자 생각하고 처음 드는 생각이 늙어감에 대한 두려움이라니. 내 자식에게 더 큰 행복을 주지 못한 아쉬움보다 내가 늙어갈 때 나를 돌봐줄 자식이 없어 든 두려움이 더 먼저 떠올랐다는 게 미안했다.

역시 인간은 이기적인 동물인 걸까? 다 내가 갖고 싶어 한 선택이고 그 선택에 감사하게도 아이가 내게 와줬다면 그 아이는 그냥 와주어 내게 기쁨을 준 것만으로도 이미 제 할 도리는 다한 것인데, 안 그래도 살기 힘든 세상, 왜 그 아이에게 내 늙어감까지 짐을 지우려 했을까? 그건 옳지 않다는 생각이 들었다.

논리적으로 스스로를 충분히 이해시켰음에도 불구하고 우리는 살아가는 내내 늙어감에 대한 두려운 감정을 완전히 떨쳐버리진 못할 것이다. 그러나 동시에 그 두려움을 잊으려 노력하며 살아갈 것이다. 늙어감에 대한 두려움을 생각하며 존엄사에 대한 논의도 더 실질적으로 이루어져야 하는 것이 아닌가 싶은 생각이 들기도 했다. 누군가에게 나를 떠넘기고 싶지 않다. 내 존엄은 내가 지키고 싶다.

 남편과 난 서로 나보다 네가 더 오래 살아야 한다고 말하곤 하는데, 이건 상대를 위해서라기보다 혼자 남겨지는 것에 대한 두려움 때문이다. 그리고는 "둘이 싸우지 말고 더 의지하고 함께 건강하게 오래 살자, 한 사람이 먼저 가면 남은 사람이 너무 외롭잖아." 하며 서로를 안는다.

 "오빠, 그래도 나는 당신이 너무 강박에 휩싸여 일하는 기계처럼 살지 않았으면 좋겠어. 하루하루의 즐거움을 소중히 여기고, 일 외의 삶도 소중히 여기며 함께하는 행복을 추구했으면 해. 누군가를 위해, 누군가를 책임져야 한다는 마음의 짐을 내려놓았으면 좋겠어. 나를 책임져야 한다고도 생각하지 말고. 그냥 당신 자신을 위해 일하고 오빠의 성취감을 위해 부담감 없이 즐겁게, 오빠가 정말 하고 싶고 잘하는 일, 옳다고 생각하는 가치를 위해 살았으면 좋겠어. 당신도 나도 누군가를 위해 하기 싫은 일 한다는 생각 없이, 오로지 우리의 눈부신 삶을 위해 열정을 쏟아보자. 그리고 '우리 한평생 잘! 살다 간다!' 할 수 있으면 난 더 바랄 게 없을 것 같아."

 그동안 나는 원하는 것들을 다 이루어 낸 미래의 나를 상상하며 결론에 더 초점을 맞춘 삶을 살았다. 늘 더 행복하기 위한 길을 택했다고 생각했지만, 행복한 선택이 아니라 행복해질 거라 믿었던 선택이었다. 막연한 그 행복은 무엇이었을까? 그 선택에 지금의 '내'가 있었던 적이 얼마나 있었을까? "Everything is about to be happy."라는, 모든 건 다 행복해지기 위함이라는 문구를 학교 다니는 내내 써놓고 주문처럼 외웠다. 지금은 조금 힘들지라도 결국 난 행복해질 것이며 이게 다 더 행복해지기 위한 과정이라고 되뇌며 말이다. 그런 목표 의식이 삶을 이만큼 이끄는 데 어느 정도 도움이 됐을는지는 모른다

그러나 이제 난 더 이상 더 큰 행복을 갈망하며 살지 않을 것이다. 결론보단 과정을 더 소중히 여기고 싶다. 남들의 기준이 아닌, 나만의 행복 잣대를 만들며 살고 싶어졌다. 마지막에 후회가 남지 않게 사는 것, 난 그게 행복인 것 같다. 매 순간 최선을 다하고 즐겁게 사는 것, 난 그게 진정한 내가 중심이 되는, 내가 주인이 되는 꽉 찬 충만한 삶이라고 생각하게 되었다.

사회가 정해준 지금 해야 하는 일을 하느라
내가 지금 하고 싶은 일을 미루지 않기로 했다.

나중에 더 행복하기 위해서보다,
지금 행복한 삶을 살고 싶어졌다.

1년에 딱 15일만, 나와 여행 가자

 최근 한 말기 암 환자가 쓴 책을 읽었다. 신민경 작가의 『새벽 4시, 살고 싶은 시간』. 너무나 좋은 문장이 많은, 울림이 있는 책이었다. 거기에 이런 구절이 있다.

> 자신에게 물어봐 주세요. 뭘 좋아하고, 뭘 잘하고, 뭘 하고 싶은지. 그리고 거기에 돈과 시간과 에너지를 쓰세요. 저는 그게 자신을 사랑하는 방법인 것 같아요. 나를 사랑하지 않은 오랜 시간을 후회하고 있어요.

 내게도 갑작스레 생명에 위협이 닥쳤을 때 가장 먼저 든 생각이 '후회'였다. 하고 싶었지만 여러 가지 제약이나 이유로 망설이며 고민했던 일들, 언젠간 하고 싶다 생각했지만, 못다 한 일들. 그리고 내게 다시 기회가 주어졌을 때 난 앞으로의 모든 선택에서 이 한 가지만 생각하기로 했다.

'내 생에 이걸 한다면, 하지 않는다면 난 후회할 것인가, 후회하지 않을 것인가?'

나중은 없다. 나중이란 시간은 그 누구도 보장할 수 없는 시간이기 때문이다. 하고 싶은 말도, 표현도, 보고 싶은 사람도, 가고 싶은 곳도 나는 미루지 않기로 했다.

신민경 작가의 말처럼 사실 내가 무엇을 할 때, 돈을 어디에 썼을 때 가장 만족감이 큰지를 안다는 것이 가장 직접적이고 본질적인 나를 사랑하는 방법이다. 어떤 사람은 쇼핑으로, 어떤 사람은 음식으로, 어떤 사람은 운동으로 각기 다른 소비 방법으로 삶에서 오는 스트레스를 승화시키며 살아가고 있지만, 내 경우는 여행이었다. 나는 어려서부터 옷, 신발, 가방같이 유행하는 물질적인 것엔 별로 관심이 없었다. 그보단 경험에 하는 투자가 아깝지 않았다. 특히 다양한 문화에 대한 소비는 비록 눈에 보이지 않는 무형일지라도 감히 값을 매길 수 없는 큰 가치를 지니고 있다. 문화의 향유는 늘 나를 더 성장하게 했고 그 경험과 추억이 스며들어 오래도록 머물렀다.

돈으로는 절대 살 수 없는 문화자본을 갖고 살 수 있었던 건 부모님의 영향이 크다. 특히 일찍부터 외국과의 교류도 많았고 문화생활을 많이 했던 외갓집의 영향으로 엄마는 다방면으로 안목이 높은 사람이었다. 부모님을 따라 어려서부터 다양한 곳, 사람, 문물을 보고 듣고 느끼며 자란 덕에 나 역시 문화적 감수성이 풍부한 아이로 클 수 있었다. 대학 들어가고부터는 매해 엄마와 함께 유럽 도시 곳곳을 직접 운전대를 잡고 찾아다녔다. 엄마는 이미 다 여러 번 다녀온 곳이었지만 나중에 꼭 딸과 함께 다시 오고 싶다는 소원을 이룬 것이었다. 2018년엔 엄마와 딸의 여행에 대한 수필집도 한 권 냈다.

미대 나온 엄마는 예술에 대한 해박한 지식뿐 아니라 오십이 넘은 나이에도 여행하기 전 그 나라 역사부터 공부할 정도로 세계사에 대한 지적 열정이 넘쳤고, 나도 그런 엄마 덕분에 여행을 통한 배움이나 식견은 어디에서도 얻을 수 없는 소중한 가치라는 걸 몸소 체득했다.

우리 가족은 늘 여행을 권했다. 젊어서 힘 있을 때 더 넓은 세상을 다니며 다양한 삶의 방식과 문화를 직접 보고 느껴보는 것, 나는 세상에 그것보다 더 좋은 공부는 없다고 생각한다.

다행히 호기심 많은 남편도 나와 여행 스타일이 잘 맞는다. 매일 똑같은 지루한 일상의 연속인 서울에서 우리는 자주 투덕거렸다. 그런데 함께 여행만 가면 다시 신혼처럼, 병원에서처럼 우리 둘의 이야기만 했다. 장소만 바뀌었을 뿐인데 신기하게 표정부터 달라졌고, 서로를 향한 대화가 많아졌다.

나는 이전보다 더 적극적으로 우리만의 시간을 만들기로 했다. 남편은 여전히 뜨뜻미지근한 반응일 때가 많았지만 예전만큼 상처받거나 개의치 않았다. 이렇게 남편을 끌어내야지만이 그 역시 그의 바운더리에서 벗어나 스트레스와 미움의 짐을 잠시나마 내려놓을 수 있었다.

남편에게 1년 365일 중 많이도 말고 딱 15일에서 20일 정도만 온전히 나에게 시간을 내달라 했다. 주말, 연휴, 출장 말고 온전히 나를 위해 쓸 수 있는 연차 말이다. 일반 대기업에서도 법적으로 써야 하는 일수이니 그 정도는 무리한 요구라고 생각하지 않았다. 한 해에 그 정도의 날만 온전히 나와 보내는 시간을 위한 휴가를 쓴다면, 한 달 살기나 세계 일주까지는 못 해도 주말과 연휴에 붙여서 1년에 함께하는 여행 한두 번씩은 충분히 가능한 시간이었다. 이 또한 나에겐 남편과의 관계를 잘 이어 나가기 위한, 함께 노력하기로 한 행복한 이번 생을 위한 일종의 노력이었다.

나는 시간을 대충 흘려보내고 싶지 않다. 언제까지가 될진 모르겠으나 내게 주어진 시간을 아름답고 알차게 보내고 싶다. 그래서 앞으로도 부지런히, 시간 나는 대로 열심히 여행할 것이다. 세상엔 '죽기 전에 꼭 가봐야 할 곳'이 너무 많다. 나는 충분한 내 시간적 권리를 누리고 문화를 소비하며 살겠다 결심했다. 너무 먼 계획은 세우지 않기로 다짐한 내게, 그것은 나를 다시 살게 하는 즐거운 단기적 목표가 돼주었고, 지금 당장 더 살고 싶게 만드는 행복한 희망이 되었다.

나중은 없다.
나중이란 시간은 그 누구도 보장할 수 없는 시간이기 때문이다.

하고 싶은 말도, 표현도, 보고 싶은 사람도, 가고 싶은 곳도
나는 미루지 않기로 했다.

하나밖에 없는 내 동생이
아이를 가졌다

 항암이 끝나고 6개월 후 동생이 결혼했다. 아직 머리가 다 자라지 않아 하필이면 하나밖에 없는 동생의 일생일대 행사에 가발을 쓰고 가야 했다는 게 지금 생각해도 크게 남은 아쉬움이지만, 내 투병 사실을 알고 있던 가까운 친구들도 까맣게 잊고 헤어 스타일이 너무 예쁘다고 칭찬할 만큼 성공적이었다.

 동생과 제부는 제법 잘 어울리는 동갑내기 커플이다. 나와 남편, 동생과 제부 이렇게 넷은 제각각 장단점이 뚜렷한데 성격의 보완이 잘 이루어지고 나이 차도 다섯 살 안팎으로 합이 잘 맞아 꼭 독수리 4형제처럼 어울려 다녀 부러워하는 친구들이 많았다. 형제처럼 정답게 지낼 수 있는 건 우리끼리 정한 호칭 덕분인 것 같기도 하다. 처음에 결혼하고 호칭을 어떻게 할까 하다 우리는 그냥 신식으로 이름을 부르기로 했다. 동생은 남편에게 형부 호칭을 쓰지만, 제부에게 나와 남편은 누나 형이 되었고, 우리 부부는 제부를 이름으로 부른다. 그렇게 하니 제부가 정말 내 남동생처럼 느껴졌고 정말 우리 넷은 여느 집보다 빠르게 가까운 사이가 됐다. 새삼 격식 차리는 우리나라 가부장적 호칭 문화가 관계에 선을 긋고 더 이상 마음의 거리를 좁힐 수 없게 가로막는 문화이구나 싶다.

88년생 용띠 동갑내기인 동생 부부는 같은 용띠 아이를 갖고 싶다고 계획하자마자 건강한 아이를 갖게 되었다. 우리 가족 모두가 너무나 간절한 마음으로 기다린 귀하고 소중한 아이였다. 동생은 처음 아이를 가진 것 같다고 나에게 제일 먼저 알렸는데, 우리는 둘이 부둥켜안고 울었다. 그리고 이 사실을 남편에게 알렸더니 남편은 나보다 더 들떠 했다.

우리 넷은 이 사실을 부모님께 서프라이즈로 알려드리자 했다. 그리고 그날 남편은 한껏 기분 좋게 케이크까지 준비해 와 두 손을 모으고는 우리 중에 가장 많이 울었다. 남편이 지금 우는 이유가 무엇일까, 혹시 내게는 아니라고 하며 티 내진 않았지만 그만큼 아이를 원했던 걸까? 그래서 지금 섭섭한 걸까? 잠시 그런 생각이 들기도 했지만, 그저 그간 우리의 마음고생에 더해진 생명의 신비에 감동한 F 남편의 감성이었다. 나로서는 내가 아이를 가졌다는 이야기를 전했을 때 남편 반응이 저랬을까 싶어 그 모습을 대신 보는 것 같아 좋았다.

섭섭하지 않았다. 나는 진심으로, 정말 기뻤다. 내 마음을 제대로 알 리 없는 사람들은 동생의 임신 소식을 들었을 때 내가 속상한 기분이 들었을 것으로 짐작할지도 모르겠지만 오히려 반대였다. 나에겐 충분히 많이 상상했던 상황이었고 그만큼 마음의 준비가 된 후였기 때문에 동생의 임신 소식은 오히려 손주를 기다리는 할머니의 마음처럼 내가 더 고대하며 기다렸던 기쁨이었다.

나는 동생과 둘도 없이 가까운 자매 사이라 그런지 우리는 늘 한 팀 같았다. 우리 가족은 늘 모여서 머리를 맞대고 합심했을 때 가장 좋은 결과를 만들어 내는 가족의 힘이 있다. 동생의 임신 소식을 들었을 때도 마찬가지였다. 마치 릴레이 경주를 하다 넘어진 내게 동생이 달려와 내 배턴을 빼 들고 '언니 걱정하지 마! 내가 갈게!' 하며 배턴 터치를 해주는 든든한 느낌이 들었다. 동생 덕분에 늘 궁금했던 내가 아이를 가졌다고 했을 때 엄마 아빠의 반응과 표정을 볼 수 있어 기뻤고 진심으로 고맙고 행복했다.

나는 동생의 임신과 출산의 거의 모든 과정을 함께했다. 여기저기 병원과 선생님을 알아보는 것부터 발 벗고 나서 동생의 산부인과 검진에 거의 한 번도 빠짐없이 동행해 뱃속에서 생명이 커가는 모든 신비로운 순간을 함께했다. 내겐 동생을 잘 돌봐주고 싶은 마음과 생명의 신비로움을 맘껏 감상할 수 있는 시간이었고, 동생에겐 언니가 궁금할 수 있을 그모든 순간을 함께 공유해 주고 싶었던 마음이었을 것이다. 태명도 내가 지어주었다. 콩콩이. 왠지 모르게 그냥 처음부터 '우리 콩콩이'라는 말이 절로 나왔다. 성별도 내가 가장 먼저 알게 되어 가족들을 모아 성별 공개 파티를 해주었다. 이렇게 들뜨고 행복한 마음으로 축하해 줄 수 있음에 진심으로 감사했다.

사랑하는 내 동생 원영에게

작고 예쁜 아가 동생이 그리워 아기 카시트에서 겨우 내려온 너에게 아기같이 해보라 하던 게 아직도 생생한데, 그런 내 아기 동생이 엄마가 되는 날이 오다니 감격스럽다.

처음 원영이가 아기가 생긴 것 같다고 했을 때 언니는 여러 복합적인 감정이 들었어. 그중 하나가 달리다 넘어진 내 손에 든 배턴을 네가 달려와 빼 들고 '언니 걱정 마! 내가 갈게!' 해주는 느낌이었어. 갑작스러워 많이 아쉬웠던 나의 여러 감정을 네가 위로해 주는 느낌이었던 것 같아. 그런데 또 시간이 지나며 생각해 보니 그것마저도 너무 내 중심적인 생각이 아닐까 하는 생각이 들더라.

그동안 언니는 첫째라 늘 뭐든지 너보다 앞서 하느라 낯설고 힘듦을 더 많이 감당해야 했다고 생각했는데, 언제나 둘째였던 너의 많은 부분이 오히려 나 때문에 빛을 발하지 못하지는 않았을까 싶기도 하고, 늘 내가 먼저 가고 있어서 네가 뒤따라온다고만 생각해 널 더 치켜세워 주지 못했던 것 같기도 하네. 막상 이렇게 큰일을 동생 혼자 겪게 해야 한다 생각하니 미안한 생각도 들더라.

먼저 유학 가서 헤어질 때도, 대학을 다른 곳으로 갈 때도, 결혼할 때도 가까운 우리에겐 늘 낯설고 섭섭한 변화들이 있어왔지만, 그 모든 변화가 섭섭함은 잠시, 더 즐겁고 풍요로운 지금을 만들어 왔다고 생각해. 콩콩이의 등장은 우리 가족 모두에게 이전엔 경험해 보지 못한 아주 큰 행복을 가져다줄 거야.

언니가 아기를 갖고 낳고 키우는 과정의 기쁨과 힘듦을 물론 100% 다 알 수는 없겠지만, 언니가 이것만은 약속할게. 오히려 내가 다 알 수 없기 때문에 기쁨이나 행복보다는 너의 힘듦을 더 받아주고 그럴 때 늘 곁에 있으며 공감해 줄게. 힘들 때 짐을 나누어 짊어져 줄 언니가 늘 옆에 있을 테니까 무서워하지 말고 우리 지금처럼 앞으로도 잘해보자! 언니에겐 늘 아가보다 우리 원영이가 먼저일 거고(콩콩이에겐 비밀!) 언니는 누가 뭐래도 우리 원영이 편이 돼줄 거야. 사랑한다 내 동생! 씩씩하게 잘해보자!

사랑하는 언니가

동생을 위해 무엇이든지 해주고 싶었다. 배 불러와 힘들 동생을 대신해서 아이 방을 위해 온 집을 싹 다 정리하고 치우는 일부터 출산하러 입원하기 전 산모 가방을 싸는 일까지 내가 다 했다. 친정엄마의 마음? 아니, 엄마를 건너뛴 할머니의 마음 같은 거였다고 해야 할까? 나는 동생에게 언니의 마음보단 엄마의 마음에 가까웠던 것 같다.

아니다. 어쩌면 내가 아이를 가졌었다면 했을 행동들을 동생에게 대신 한 것일지도 모르겠다. 동생을 위해서였지만, 사실은 나를 위한 마음이기도 했다. 내가 아이를 가졌다면 그 아이를 만나기 위해 준비하며 나 자신에게 했을 모든 행동을 나는 동생에게 쏟아냈다. 내 아이에게 해주고 싶었던 마음, 내가 받고 싶었던 대접, 그걸 동생에게 하면서 대리만족을 느꼈다. 그게 또 동생의 복이라면 복이고, 내 조카의 복이라면 복이지 않겠는가. 동생을 통해 난 진심으로 위로받는 느낌이었고, 동생이 아이를 가진 후로는 내 안에 조금이나마 남아 있었던 아이에 대한 미련이 전부 없어졌다. 마음을 원 없이 쏟아낼 수 있는 내 조카가 생겼다는 게 나는 진심으로 설레고 기뻤다.

Chapter 4.

다시 일상,
삶의 여백을
느끼는 시간

가보지 않았다면,
와보지 않았다면 몰랐을 것들

나는 세상으로부터 나를 지키는 대신,
세상으로 나아가기로 했다.

잠시,
쉬어가기로 했어요

 그저 내게 주어진 이 삶을 즐겁게 잘 살아내는 것, 그것이 나와 같은 상황에 부딪힌 또 다른 누군가에게 용기를 전할 수 있는 길이다. 내 삶이 의미 있게 쓰이길 바라는 나는 하루아침에 암 환자가 되어 헤매고 있을 누군가를 위해, 아이를 간절히 원했지만 저마다의 이유로 그럴 수 없음을 받아들여야 하는 절망에 빠진 이 시대 많은 여성을 위해 내게 주어진 삶을 용감히 마주하기로 했다. 그것이 내가 계획했던 내 아이를 낳고 기르는 일만큼이나 세상에 이바지하는 일이란 생각이 들었다.

주어짐과 선택의 고차방정식 속에서 나만의 고유한 인생이 만들어진다. 나는 주어진 것은 묵묵히 받아들이고 그 안에서 최선의 현명한 선택들로 내게 주어진 두 번째 기회를 더 즐겁고 빛나게 살아보고 싶어졌다. 공교롭게도 그러기 위해 가장 먼저 선택해야 하는 것이 충분한 '쉼'이었다.

우선은 재발에 대한 걱정 때문이었다. 의미 있는 일, 하고 싶은 일, 꿈꾸는 삶, 모두 내가 살아 있어야 가능한 일이다. 항암이 끝난 시점으로부터 5년이 지나야만 완치 판정을 받을 수 있는 3기 암 환자인 나로서는 성공적인 수술과 항암 치료를 무사히 마쳤음에도 마음을 놓을 수가 없었다. 평생을 예민하지 않고 되레 둔한 사람으로 알고 살았는데, 이런 일을 겪고부터는 조금만 이상증세가 나타나도 몸의 모든 감각이 예민하게 곤두섰다. 살고자 하는 두려운 본능이었다.

아프단 말로 남에게 미루고 몸 사리는, 엄살떠는 사람을 좋아하지 않았다. 각자의 감정은 각자 다스려야 한다고 생각한다. 특히 '아프다', '우울하다', '외롭다'는 등의 부정적 감정표현은 되도록 스스로 감내하고 겉으로 드러내려 하지 않는 편이다. 아무런 긍정적 효과가 없으며 결국 내 옆 누군가에겐 부담 주는 일이기 때문이다. 본래 성격 자체도 잘 참는 편이며 여전히 그래야 한다고 생각한다. 그러나 이제는 참는 게 능사가 아닌 게 돼버렸다. 때론 무작정 참는 것보다 내 감정을 어떤 식으로든 솔직히 표현하는 게 더 큰 민폐를 피하는 길이라는 걸 알게 됐기 때문이다. 물론 그것이 남이 나를 위해 무언가를 '해줘야' 하는 영역이 아닌 선에서 말이다. 남에게 폐 끼치거나 부담 주고 양보를 요구하는 선까지 가는 건 여전히 싫다. 그런 삶을 살고 싶진 않다.

이를테면 하기 싫으면 하기 싫다고 말할 수 있는 용기, 당신이 하는 그런 말과 행동이 내게 상처가 된다고 말할 수 있는 용기, 정당하지 않다고 생각되면 정당하지 않다고 말할 수 있는 용기와 같은 표현 말이다. 당연해야 하는 것들이 오히려 용기라고 표현되어야 하는 현실이 불만이긴 하지만, 수많은 관계와 암묵적 압박이 팽배한 이 사회에서 '말할 수 있는 용기'를 장착하는 것은 나를 지키기 위해 반드시 필요한 필수 조건이다.

또 하나는 내가 하고 싶은 것을 우선시할 수 있는 용기다. 난 내 생존율에 대한 말을 처음 들었을 때의 그 감정을 잊지 못한다. 억울함. 50%. 크다면 크고 작다면 작은 터무니없는 숫자. 지나간 많은 선택이 스쳐 지나갔다. 하고 싶었지만 누군가가 내 선택의 자유를 침범해 참아야 했던 많은 순간들. 머리끝까지 화가 차올라 분노가 솟구쳐 올랐다. '그래서, 이젠 어떻게 보상해 줄 건데?' 난 아무런 대답도 듣지 못했다. 그리고 결심했다. 남이 내 선택을 방해하도록 그냥 수긍하고만 있지 않겠다고. 내가 하고 싶은 것들을 결코 포기하지 않겠다고. 내 삶은 내가 지키겠다고 말이다.

우리는 종종 사회가, 문화가, 전통이, 그 어떤 위계질서의 수직적 문화 앞에서 솔직한 내 의견을 드러낼 수 없는 답답한 경험을 하며 살아간다. 이전의 나는 이런 문화를 잘 따르는 사람이었다. 속으론 불합리하다고 생각하고 불만이 있을 때도 있었지만, 내가 바기를 들었을 때 따라오는 관계적 불편함이 더 싫었기 때문이다. 그러나 5년 생존율이 50% 미만이라는 이야기를 듣고부턴 단 1분 1초도 내 시간에 대한 결정권을 남에게 주고 싶지 않아졌다. 내 시간과 바꿀 수 있는 건 이제 아무것도 없다.

나는 내가 제일 잘 안다. 나를 가장 잘 챙겨야 하는 건 그 누구도 아닌 나 자신이다. 그 일을 가장 제대로 할 수 있는 권한도 책임도 내게 있다. 나는 의식적으로 나를 먼저 생각하기로 했다. 나는 의식적으로 이기적인 사람이 되기로 했다. 그것이 곧 나를 지키는 길이고, 결국 나를 사랑하는 사람들을 위한 길이라 믿기 때문이다. 스트레스를 원천 봉쇄해 차단할 수는 없었지만, 내게 스트레스의 원인이 될만한 것은 일단 모두 뒤로 미뤘다.

물론 난 5년보다 훨씬 더 오래오래 건강하고 행복하게 아주 잘 살 것이다. 내 운이, 내 의지가, 50%를 이기지 못할 거라는 나약한 마음으로 살지 않는다. 그러나 난 내게 허락된 시간이 정말 5년밖에 남아 있지 않을 수도 있다는 생각으로 모든 선택을 하며 산다. 그리고 그렇게 운 좋게 5년을 넘긴다면, 그럼 그다음엔 또 5년씩 연장하면서 살자는 그런 마음으로 살기로 했다. 실제로 그럴 확률이 50%나 되는 상황이기도 하지만, 내게 5년이란 시간도 남아 있지 않다고 생각하면 의외로 쉬워지는 선택들이 많았다. 하고 싶은 건 곧바로 실행에 옮길 수 있었고, 이런저런 눈치를 볼 필요도 없었다. 하고 싶었으나 못다 해서 억울한 감정은 두 번 다시 느끼고 싶지 않다. 어차피 인생은 계획대로 되지 않으니, 5년 정도면 딱 적당한 시간이다. 난 죽는 순간 후회 없이 행복하고 싶다.

처음엔 절망적이었던 내 생존율을 논하는 그 말이 시간이 지나니 너무나 큰 해방감을 가져다줬다. 누구에게든, 언제라도 일어날 수 있는 일이니, 삶의 벽에 막혀 답답한 순간이 있거든, 내가 5년밖에 살지 못할 수도 있다는 생각을 한번 해보라는 이야기를 해주고 싶다. 나에게 정말 허락된 시간이 단 몇 년밖에 되지 않는다면. 그렇다면 나는 지금 누구와 무엇을 할 것인가. 아마 머리가 말끔해지고 모든 게 명확해지는 기적 같은 경험을 할 수 있을 것이다. 그리고 나면 좋은 해답의 길이 보일 것이다. 이런저런 계산과 고민 없이 나를 맨 앞에 두고 하고 싶은 걸 할 수 있다는 거, 그 느낌이 진심으로 정말 좋다. 나는 아직 살아 있고, 내겐 아직 시간이 남아 있다.

항암 후 2년이 재발이 가장 많이 일어나는 시기라고 하니, 우선 그 시간 동안만이라도 하기 싫어도 해야 하는 것들 말고, 나를 행복하게 하는 것, 나를 살고 싶게 하는 '하고 싶었던 것' 위주로 하자 마음먹었다.

살면서 우리가 '나'에 대해 이렇게 깊고 여유 있게 생각할 수 있는 시간이 얼마나 될까? '나'에 대한 생각과 시간이 살면서 얼마나 꼭 필요한 일인지, 이 사실을 서른 중반의 나이에 알게 됐다는 건 아무에게나 주어지는 것이 아닌 큰 복이라는 생각이 든다.

나는 천천히 나만의 템포를 다시 찾아 나가기로 했다. 요즘은 온전히 나를 돌보고 나에게 집중하며 내가 좋아하는 것들을 한다. 생각을 바꾸니 매일 똑같은 굴레라 여겼던 일상도 즐거워지기 시작했다. 아침엔 창을 활짝 열고 따뜻한 차

한잔을 마신다. 좋아하는 옛날 음악을 크게 틀어놓고 신나게 집안일을 시작한다. 집을 깨끗이 하면 정신도 함께 정돈되는 것 같아 기분이 좋다. 매일 하는 빨래나 설거지도 지루하지 않다. 살림의 재미라는 것이 이런 것인가 싶다.

일상의 작은 것들에서 행복감을 느끼는 법을 배웠다. 좋아하는 사람들을 만나 맛있는 걸 먹으며 신나게 수다를 떨고 틈틈이 글도 쓰며 열심히 또 다음 여행 계획을 세운다. 아날로그를 고수하고 싶은 옛 감성의 난 여행 사진들을 인화해 손에 쥐어지는 나만의 앨범을 만들고 있다. 근데 그게 또 그렇게 행복할 수가 없다. 남편과 함께 영화 보며 이야기하는 시간이 무척 행복하고 함께 보는 TV 프로가 생기면 그 시간이 기다려진다. 이리저리 줄자를 들고 다니며 우리 둘이 사는 집으로 방들을 어떻게 새로 꾸밀지 구상하기도 하고, 계절이 바뀔 때마다 좋아하는 손님들을 집으로 초대하고 손님맞이용으로 한 번씩 꽃시장에 나가 제철 꽃이나 나무를 사다 놓는 기쁨이 무엇인지도 알게 되었다.

너무 큰 것들이 한 번에 몰아닥친 큰 파도였지만 아빠 말에 따르면 기특하게도 난 '눈 하나 깜짝 않고' 잘 버티고 있다.

서두르며 닥치는 대로 일을 몰아쳐서 하기보다, 본래의 내 성격대로 천천히 내 속도에 맞게 사는 게 무엇보다 중요하단 걸 깨닫는다. 막상 도달한 지금의 일상은 마음이 심하게 요동칠 거라 우려했던 것과는 달리, '이렇게 좋아도 되나?' 싶을 만큼 훨씬 더 평화롭다. 나는 신에게 허락받은 '나'로 살아갈 충분한 시간을 더 잘 살아내고 싶어졌다.

 쫓기듯 앞만 보며 달리던 것을 잠시 멈추고 쉼을 즐기고 있자니 참 좋다.

한 사람의 시선을
온전히 독차지한다는 것

"얘, 쟤는 항상 시선이 너를 쫓아가."

나는 잘 느끼지 못했었는데, 예쁘게 사는 우리를 보며 시어머님께서 그러셨다. 오빠의 시선이 항상 내게 있다고.

부부가 서로에게 더 집중할 수 있는 충분한 시간과 여유를 갖게 된다는 건 정말 감사한 일이다. 한 사람이 온전히 나에게만 집중한다는 것, 더 이상 누군가와 사랑을 나누어 갖지 않아도 된다는 건 생각보다 꽤 큰 만족감이자 행복이었다.

첫째들이 으레 그렇듯, 각자의 집안에서 장남, 장녀인 우리 두 사람은 온전히 나에게만 쏟아졌던 부모의 사랑을 형제와 나눠 가져야 하는 설움을 경험했다. 갓 태어난 조카가 나와 눈을 마주치고 함박웃음으로 반기며 쳐다볼 때, 그 자체로 너무 큰 치유를 받고 사랑이 마구 샘솟는 느낌을 받았다. 태어나 처음 느껴보는 설레고 몽글해지는 느낌이었다. 새 생명의 탄생은 그렇게 어쩔 수 없이 우리의 관심과 시선, 사랑을 이끈다. 그러나 반대로 그 관심과 시선이 오롯이 나에게만 머무를 거라 철석같이 믿고 있던 누군가에겐 생애 첫 큰 상처가 되기도 한다.

동생을 본다는 게 어린아이에겐 배우자의 외도를 목격하는 것의 몇 배나 되는 큰 충격이라고 하니, 기억하지 못하더라도 동생이 있는 아이들이라면 피해 갈 수 없는 통과의례 같은 것일 것이다. 우리는 이런 과정을 겪으며 세상 그 어떤 것도 영원히 내게만 머무를 수 없으며 부모도 예외가 아니라는 것, 그리고 부모-자식이라도 인간관계란 결코 일방적이지 않다는 걸 배웠을 것이다.

나는 최고의 부모를 가졌다. 사랑을 많이 받았고 엄마 같은 엄마가 되고 싶었을 만큼, 내게 엄마가 필요했던 모든 순간 엄마는 언제나 내 곁을 지켜주었다. 그러나 그런 나도 한 번씩 "엄마는 왜 나에겐 안 된다고 했던 일도 동생에게는 쉽게 허락해 주고, 우리는 똑같다고 하면서 맨날 나만 더 나무라고 내게만 더 양보하라고만 하느냐."며 설움을 토로할 때가 있었다.

공평에 대한 기준이 부모-자식 관점에서 같을 수는 없겠지만, 내겐 그리 쉽게 허락되지 않았던 것들이 동생에겐 그저 쉽게 주어지기만 하는 것 같을 때, 내겐 박했던 칭찬이 동생에겐 후해 보일 때, 부모님이 나에겐 더 강한 책임감을, 동생에겐 마냥 귀여움과 사랑만을 주는 것 같을 때 때때로 섭섭하고 불공평함을 느낄 때도 있었다. 같은 속도로 커도 동생은 그 나이였을 때의 나보다 언제나 더 귀여움을 많이 받았고 동생과 싸우면 언제나 내가 더 많이 혼났다. 어떤 집은 형한테 대들지 말라고 오히려 부모가 나서서 규율을 잡아주는 집도 많았는데 말이다.

책임감도, 만족시켜 드리고 싶은 마음도, 기대에 부응하고자 하는 노력도 첫째인 내가 조금 더 큰 것 같은데 그런 내마음은 알아주지 않는 것 같았다.

인정받으려는 마음 자체를 버리면 되는데, 살면서 방해되고 내적 갈등의 씨앗이 되는 그 마음들이 내 마음대로 걷어 내 지지가 않았다. 나는 어려서부터 나 개인보단 가족 중심의 사고를 했다. 누구도 내게 그러라고 한 게 아니었지만, 자연스럽게 그런 마음이 들었다. 그런데도 언제나 부모님께 더 마음 쓰이고 안타까운 쪽은 동생 차지인 것만 같은 마음이 들 때면 서운했다. 그러나 이런 내 마음의 갈등이 덮였던 건, 동생이 부모가 내게 준 가장 큰 선물이라는 걸 어느 순간 깨달았기 때문이다.

착한 내 동생은, 부모님께 서운했던 첫째의 마음을 녹여줄 만큼 언제나 내 마음을 가장 잘 이해해 주었고, 언니인 나와 함께 있을 때 자기가 가장 많이 웃는다고 내게 말해줄 만큼 언니를 많이 좋아한다. 언니를 좋아하는 동생은 언제나 내 편이었다. 그러나 만약 동생이 그러지 않았다면 아마도 난 더 외로웠을 것이다.

남편은 눈치가 빠르고 세심한 사람이다. 연애할 때 그 모습이 좋으면서도 이 사람이 나한테만큼이라도 눈치 보지 말고 편안히 자기 모습을 보일 수 있으면 좋겠다는 생각이 들어 결혼을 결심했다. 어딘지 모르게 챙겨주고 싶은 측은지심이 드는 게 내 사람이라는 생각이 들었다(물론, 지금은 제발 내 눈치 좀 봤으면 싶을 때가 훨씬 더 많지만 말이다).

남편이 남이 아닌 내 사람으로 더 가까이 느껴질수록 그 사람에게서도 이런 첫째의 모습이 보일 때가 많았다. 처음 시집와 시댁 식구들 속 남편을 봤을 때 내 눈에 비친 그는 꼭 외딴섬 같았다. 나와 둘이 있을 땐 세상 장난기 많고 어린아이같이 밝은 사람인데, 큰아들에게 유독 엄하셨다는 아버지 밑에서 자라 그런가, 가족들 안에선 꼭 다른 사람 같았다.

 남편은 열 살 터울 늦둥이 연년생 동생 둘을 둔 집안의 든든한 큰아들이다. 나를 만나기 전 남편은 어떤 아이였을까, 나이 차이가 한참 나는 동생들에게 엄마 아빠를 일찍 빼앗겨 또래 아이들보다 좀 더 빨리 완전한 어른이 돼야 했겠구나, 본인도 어리광 부리고 싶었을 텐데 외로웠겠다 싶었다. 고작 열 살밖에 안 됐으면서 자연스레 아기들을 향하는 부모의 시선 이동과 표정, 말투의 차이를 느끼며 홀로 외롭게 그 허전함을 견뎌냈을 어린 시절의 남편이 선하게 그려졌다. 그리고 그럴 때면 난 내 사람인 그가 더 안쓰럽게 느껴져 더 그의 편을 들어주고 싶어졌다.

 얼마 전 우연히 아버님의 자서전을 읽게 됐는데, 남편이 태어나 얼마 안 돼 사업을 시작하신 아버님이 어머님과 함께 이른 아침 집을 나설 때면 어린아이였던 남편이 하도 매달리며 울어대는 통에 "매일 세 식구가 아침을 눈물로 시작하며 내일을 기약했다."라고 쓰여 있었다. 부모님이 바쁘셨을 땐 그때대로, 늦둥이 동생을 본 후로는 또 그때대로 홀로 나름의 설움을 감당하고 있는 어린 시절의 남편이 보였다. 그리고 신혼 때 남편이 했던 말이 갑자기 생각났다.

"우리 아기 낳았는데 아기만 챙기고 나한텐 관심 안 가져주면 나 섭섭할 거야!"

그땐 그저 질투 많은 남편의 어린아이 같은 투정이 사소한 애교로 느껴져 별생각 없이 넘어갔었는데, 이런 배경에서 나온 말이 아닐까 싶어 어쩐지 그가 짠하게 느껴졌다.

나이가 들어도 사람은 누구나 가슴 속에 어렸을 적 자신을 품고 산다. 나이가 든다고 해서 그 어린아이가 사라지는 건 아니다. 나와 있을 땐 남편도 점점 더 내 안에 사는 어린아이를 찾아냈다. 길을 지나다, SNS 피드를 스크롤 하다 귀여운 꼬맹이라도 볼 때면 그런 애가 없어 아쉬워하는 게 아니라 "너 같다며, 너 어렸을 때 꼭 이랬을 거야."며 나를 붙들고 귀여워했다.

어쩌면 우리 둘은 온전히 내게 쏠리는 관심이, 사랑이, 칭찬이 필요했던 사람들인지도 모르겠다. 시간이 지날수록 그렇게 나에게만 온전한 관심을 두는 사람이 내 남편이고 그가 내 옆에 있다는 게 참 좋았다. 꼭 안정을 주는 집 같은 남편이 고마웠다. 나는 남편과의 관계를 통해 한 사람의 시선을 온전히 독차지한다는 것이 얼마나 갖기 어려운 든든한 행복인지 알게 되었다. 그리고 나 역시 그의 마음속 어딘가에 살고 있을 어린아이에게 당신만을 위한 사랑을 주는 따뜻한 아내가 되겠다 다짐했다.

살아가며 우리는 수많은 사랑을 나누며 산다. 부모의 사랑은 형제와 연인의 사랑은 아이와. 혹 그것이 꼭 나누는 것이 아니라 더 큰 크기로 더해지는 것이라 할지라도 오랜 시간 한 사람의 관심을 온전히 소유한다는 건 사실상 거의 불가능하다.

그러나 인간은 아무리 사랑받아도 또 사랑이 고픈 외로운 존재인 걸까? 갓 태어난 아이가 쳐다봐 주는 것만으로도, 반려견이 나만 바라봐 준다는 이유로 우리는 큰 행복을 느끼니 말이다.

원래의 계획대로라면 지금쯤 우린 신혼을 끝내고 내 신경은 온통 아이에게 가고 있었을 것이다. 그러나 이제 난 아이에게 쏟았을 그 정성과 시간을 내 옆에 있는 사람을 더 깊게 이해하는 데 할애하려 노력 중이다. 우리는 서로에게 해이해지고 아이에게 집중을 넘기는 대신 서로에게 더 관심을 기울이기로 했다. 함께하는 시간이 쌓이며 온전히 그 사람에게만 집중하다 보니, 그의 삶이, 그의 마음이 점점 더 잘 보이기 시작했다. 그리고 그럴수록 그 사람이 더 애틋해졌다.

물론, 우린 여전히 새롭게 등장하는 이해할 수 없음의 벽을 마주한다. 서로밖에 없는 우리는 함께 오래 살아야 하는데, 여기저기 너무 신경을 많이 쓰는 남편의 성격이 불필요한 오지랖으로 보여 나를 답답하게 할 때가 많다. 그러나 그렇게 도무지 이해가 가지 않는 상황에서도 마음을 내려놓고 그러려니 넘기려는 지혜를 쌓으려 노력 중이다. 아이가 있었다면 부부가 맞춰가려는 노력은 아예 포기했을지도 모르는데, 어쩌면 이 역시 둘밖에 없이 가능한 장점일지도 모르겠다.

투덕거려도 우린 어느새 가장 솔직하고 순수했을 때의 꾸밈없는 모습을 그대로 드러낼 수 있는 세상에서 가장 친한 단짝이 돼가고 있다고 믿는다. 둘이 있을 땐 맘껏 어린아이가 돼도 뭐라 할 사람이 없었다. 그렇게 우린 함께 걷는 동반자이자, 서로의 부모, 자식이 되어가고 있었다.

한 사람이 온전히 나에게만 집중한다는 것,

더 이상 누군가와 사랑을 나누어 갖지 않아도 된다는 건
생각보다 꽤 큰 만족감이자 행복이었다.

사랑받는 '어른'이
되기 위하여

나 자체로 멋진 사람으로 살고 싶다. 그리고 사랑받는 멋있는 '어른'이 되고 싶다.

불편한 감정을 느끼게 하지 않는, 부담 주지 않는, 부정적인 말 대신 긍정의 언어를 더 많이 사용하는 진짜 어른 말이다.

'사랑받는 어른'. 세상으로부터 내 가족을 지켜내고 내 자식과 내 가족이 잘되길 바라는 생각에만 머물렀을 때는 깊게 생각해 보지 않던 생각들이었다. 끊어질 수 없는 핏줄로 연결된 내 자식이 아니더라도 사랑받을 수 있는 어른이 되기 위해 산다는 것이 쉬운 일은 아닐 것이다. 그러나 어쩌면 출산율이 세계 최저치를 기록하는 이 시대를 살아가는 모든 어른이 지녀야 할 덕목이란 바로 이런 게 아닐까? 그럼에도 불구하고 세상으로부터 내 자식을 지켜내는 것과 누군가에게 사랑을 나누는 어른이 되고 싶다는 두 생각이 상반되게 느껴지는 게 씁쓸하게 느껴졌다.

멋진 어른이란 어떤 어른일까? 먼저 떠오른 사람이 우리 외할머니였다.

내가 많이 사랑한 우리 할머니는 고운 피부에 아름다운 외모뿐 아니라 행동과 말투 하나하나에 우아함과 절제된 품위가 배어 있는 분이셨다. 멋쟁이셨지만 사치하지 않고 검소하셨던 할머니는 특별히 값비싼 걸 걸치지 않아도 타고난 아우라가 있으셨고, 탁월한 패션 감각으로 한복이나 양장 모두 남다른 태를 뽐내셨다. 일흔이 넘으신 나이에도 여행 가기 전 청바지를 딱 맞게 수선해 놓으실 만큼 갖춰 입는 멋과 예를 아는 분이셨고, 매일 아침 자기와의 약속인 식단을 지키고 평창동 둘레길을 빠짐없이 산책하실 만큼 자기관리도 꾸준하셨다. 진짜 세련됨이란 비싼 물건을 두르는 게 아니라 사람의 품위에서 뿜어져 나오는 거라는 걸 난 외할머니로부터 배웠다.

할머니는 물건이나 그림의 가치를 알아보는 안목도 높으셨다. 외할아버지는 할머니의 개인 미술관을 열어주려고 하셨을 정도로 할머니는 일찍부터 다양한 근현대 화가의 풍부한 컬렉션을 갖고 계셨다. 예술에 조예가 깊었던 그런 할머니 덕분에 나는 어려서부터 가까이서 좋은 것들을 많이 보며 보는 눈을 기를 수 있었다.

그러나 할머니가 정말 멋있었던 건 겉으로 보여지는 것들 때문이 아니었다. 할머니는 부유한 양반집 딸로 곱게 자라 보수적인 충청도 양반집 외아들이셨던 외할아버지와 혼인하셨지만, 옛날 분답지 않게 독립적이고 주체적인 여성이었다. 할머니는 나약한 척 엄살 부리며 의지해 대접받으려 하지 않았고, 어떤 고비에도 흔들림 없이 스스로 이겨내려 한 철의 여인이었다. 나는 할머니의 이런 면을 닮고 싶었고, 실제로도 그녀의 강한 정신력을 많이 닮았다.

할머니는 여장부처럼 언제나 당차고 꼿꼿한 자세를 하셨지만 늘 겸손한 태도로 사람을 대하셨고, 남을 먼저 배려하는 너그러운 인자함이 몸에 밴 분이셨다. 언제나 엷은 미소에 항상 정돈된 언어를 사용하시고 과하지 않은 표정에 행동도 얌전하셨던 할머니는 뒤에서 남을 험담하는 법도 없었다. 나는 이런 게 돈으로 살 수 없는 사람의 격이라는 걸 그녀를 보며 배웠다.

 내가 본 할머니의 이런 성격은 주고, 주고, 또 주는 진짜 어른의 모습이었다. 자식이 없는 삶을 생각하니 늙어감에 대한 두려움이 먼저 떠올랐던 나는 투병하며 할머니의 이런 삶을 많이 떠올렸던 것 같다.

 할머니는 자식이 다섯이나 되는데도 이들에게 부담 주지 않는 어른이셨다. 할머니는 당신에게 효도하라 강요한 적이 없다. 할머니를 보며 할머니아 함께 살면 좋겠다고 애기한 적이 있었는데, 할머니는 기특한 웃음으로 나를 어루만지시며 "같이 살면 서로 불편해."라고 오히려 거절하셨다. 할머니는 강요나 말이 아닌 몸소 보여주신 배려와 넉넉한 품으로 자손들의 진심 어린 존경을 얻었다. 나는 누구보다 그녀를 진심으로 사랑했고, 닮고 싶었다. 그리고 여전히 그녀가 매일 매일 그립다.

 존경과 존중을 넘어 사랑받는 '좋은 어른'이란, 어른 다운 앞서가는 배려심이 있어야 한다는 걸 난 할머니를 보고 배웠다. 제사가 많은 집 외며느리였던 그녀는 아흔이 가까워져 오는 연세에도 시댁 조상에 대한 예를 갖추기 위해 옛 방식으로 꼬박 네 번씩 절을 하셨다. 자식들이 말려도 그 고집을 겪을 수 없었다. 그러나 돌아가시면서는 자신은 화장하고 제사는 2년만 지내고 더 이상 지내지 말라는 말씀을 남기셨다. 살아 있는 자손들에게 부담을 덜어주고 가고 싶으셨던 것이다. 물론 외할머니의 모습을 봐온 맏며느리인 큰외숙모는 그 말에도 제사를 놓기 섭섭하시다며 2년 이상 할머니 제사를 지내셨지만, 이런 모습은 불편한 감정과 부담 주는 강요로 얻은 것이 아닌, 평소 본받을 만한 모습으로 사셨던 할머니가 얻은 진짜 존중이자 존경이었다고 생각한다.

그녀가 떠난 뒤 세상의 다양한 어른을 만나며 그런 마음과 행동이 모든 어른이 갖는 당연함이 아니라는 걸 알았다. 할머니가 떠나고 지금까지도 그녀가 사무치게 그립고 보고 싶은 건 그 배려와 사랑이 얼마나 귀하고 당연하지 않은 것이었는지 깨달았기 때문이다.

부모와 자식의 경계에 서서 많은 것들을 생각한다. 세상에 '당연한' 자식의 '의무'란 없다. 늦둥이 외아들을 낳고 기르신 막내 외삼촌 외숙모가 그러셨다. 아이는 태어나서 준 기쁨, 다섯 살 때까지 한 예쁜 짓으로 평생 해야 할 효도는 이미 다 한 것이라고.

부모와 자식 간에 당연함이란 개념이 개입되는 순간 그 관계는 더 이상 건강히 지속될 수 없다. 효는 자발적 정서적 교감으로 남을 때 아름다운 것이며 그것이 당연한 의무가 되는 순간 부담으로 전락한다. 출산율이 최저치를 찍고 있는 앞으로의 미래 세대는 한 아이가 짊어져야 하는 책임이 너무 크다. "라떼는 말이야."라는 말이 통할 수 없는, 강요해서는 안 되는 전혀 다른 사회가 도래하고 있다.

이런 사회에 내 아이를 낳고 싶지 않다고 말하는 젊은이들이 많아지고 있다. 그게 정말 내 삶이 더 중요해진 젊은이들의 이기심이자 경제적 문제 때문만일까? 이 사회에서 삶을 끝내고 싶다는 자살률은 세계 최고치를 찍고 있으며 이혼율은 50%에 육박한다. 행복 지수는 말해 뭐 하나? 터무니없이 낮다. 이러한 지표들이 과연 출산율이 세계 최저치를 찍고 있는 현실과 아무런 관련이 없을까?

2024년 10월, 『뉴욕타임스』는 세계 최저치인 한국의 출산율에 관한 내용을 조망하며 한국을 "세계에서 가장 외로운 나라 중 하나"라고 표현했다. 아이를 낳고 싶은 건 인간의 본능 중 하나인데, 아이를 낳지 않겠다는 선택은 사실 이기심과는 정반대인 책임감 때문일지도 모른다. 지금 이 사회는 분명 행복하지 않다. 사회의 그 어떤 것도 한순간에 변하는 것이 아닌데, 지금 일어나고 있는 현상을 모두 젊은 세대의 선택 문제로 돌리는 것은 비겁하다. 우리는 도대체 왜 이런 현실에 도달했는지, 충분히 자문해 보았는가?

세계 최저치, 그게 하필 왜 우리나라일까? 벗어날 수 없는 한국 문화에 대해 한 번쯤 생각해 봐야 할 문제라고 생각한다. 당연하다고 하는 많은 것들, 그 위계질서와 규칙, 가부장적인 전통과 문화, 이게 미래 세대의 행복을 위해 정말 다 맞는 걸까?

한국은 세계 어느 나라보다 짧은 시간 동안 정치적, 경제적, 산업적, 디지털적으로 따라가기 어려운 속도로 변해왔지만, 공교롭게도 예전의 기준을 고수하려는 일방적인 수직적 힘이 너무 세다. "우리 땐 안 그랬는데/나는 안 그랬는데, 요즘 애들은."이란 말 안 해본 사람 아마 없을 것이다. 이해까지는 못 하더라도 지금 세대의 선택을 먼저 물어보고, 들어보고, 적어도 존중은 해야 했음에도 불구하고 그러기보단 나의 기준을 들이밀며 "나 때는 이랬다."라며 맞지 않는 옷을 조건 없이 따르라 하지는 않았는가? "너넨 진짜 편한 거야. 지금만 같으면 나 같으면 못 할 게 없겠다."라며 현세대를 나약함으로 깎아내리지는 않았는가? 국가의 발전과 개방 속도는 그 어느 나라보다 빨랐지만, 나와 전혀 다른 세상을 사는 다음 세대를 존중하려는 아량과 속도에서만큼은 무척 더뎌

보인다.

 어른이 먼저 변해야 사회가 건강해진다. 안 그래도 부담이 클 수밖에 없는 아이들에게 부담 주지 않는 어른으로 늙는다는 건 이 시대를 살아가는 모든 어른의 숙제일지도 모른다. 좋은 전통, 좋은 문화유산은 한국의 정체성으로서 열심히 지켜나가야 하는 게 맞지만, 개인의 일상에까지 개입하고 간섭하는 유교 문화는 시대에 맞게 달라져야 한다. 예절과 예에 대한 마음은 지키되, 그 정신이 순수하게 지켜질 수 있도록 통제는 거둬야 한다. 살아 있는, 살아가는 사람의 행복보다 우선시되는 전통이 있어서는 안 된다고 생각한다.

 이런 생각을 하게 된 데에는 자식이 당연하지 않은 귀한 존재라는 걸 알게 된 내 경험의 영향이 크다. 나는 부모가 돼보진 않았지만, 아이를 원하던 마음이 이루어지지 않았을 때의 마음은 누구보다 잘 안다. 그래서 아이의 존재가 결코 당연한 게 아니란 걸 알게 되었다. 아이의 부재가 주는 불안을 느끼며, 부모가 자식에게 든든한 존재인 것처럼, 실은 자식의 존재 역시 부모에게 엄청난 든든함을 준다는 것을 깨달았다.

 내가 원해서 낳는 자식이란 존재는, 세상에, 내 품에 와주고 우주와 같은 기쁨과 위로를 준 것만으로 이미 할 일은 다

한 것이다. 그런데도 우리 사회는 젊은이들에게 너무 많은 짐을 지운다. "내가 너를 어떻게 키웠는데.", "네가 어떻게 나한테 이래." 이런 말이 사실은 애초부터 맞지 않는 것이다. '효'라는 이름 또는 '자식 된 도리'로 우리 사회는 그 영역을 뭉뚱그려 일반화하고 있지만, 개개인의 부모-자식이 겪은 축적된 경험에 따라 그 관계는 모두 다를 것이니 "옆집 애는 그렇다더라."라며 내 자식에게도 그것이 당연한 의무인 양 부담 주는 말 자체가 사실은 성립되지 않는다. 부모와 자식의 경계에 서서 한 발짝 물러나 자연스레 드는 내 마음을 따라가며 이런저런 생각을 하다 보니, 아이 없이 살자는 생각에 늙어감에 대한 두려움이 먼저 들었던 내 생각에도 애초부터 근원적 오류가 있다는 생각이 들었다.

내 삶이 행복했기 때문에 난 아이를 낳고 싶었다. 할아버지 할머니, 엄마 아빠, 좋은 선생님과 친척들. 운이 좋게도 내겐 주위에 좋은 어른이 많았다. 세상이 행복하면 그 세상을 내 아이에게도 경험하게 해주고 싶은 마음은 인간의 본성이다. 내가 엄마가 되었다면 나는 분명 엄마가 내게 해준 것처럼 언제나 내 아이의 곁에서 많은 응원과 사랑을 주는 엄마가 되려 최선을 다하며 살았을 것이다. 그러나 그것은 돌아올 것을 기대해서가 아니다. 그 아이를 위해서라고 했겠지만, 더 솔직한 마음은 오히려 해주고 싶은 내 욕심, 내 만족을 위함이 더 크지 않을까.

 '의무'나 '도리'라는 일반화의 표현보단, 부모-자식도 하나의 상호관계로서 무엇보다 오래 축적된 고맙고 미안하고 사랑하는 마음의 교환이 자연스럽게 돌고 도는 것이라고 생각을 전환한다면, 어른에 대한 공경이 당연한 의무가 아니라 감사한 예의이자 배려로 여긴다면, 세대 간 갈등 요소가 조금은 줄어들 수 있을 것이다.

 우리가 살아온 그 어느 때보다 아이가 귀한 세상, 모든 아이는 소중하다. 요즘 젊은이들이 아이를 안 낳아 큰일이라는 걱정 대신 당장 내 자식에게부터 그들의 이야기와 의견을 더 들어주고 존중하자. 아이를 낳으라 종용하는 대신 자식을 내 욕심으로부터 놓아주자. 이제껏 희생하고 투자했으니 내 마음대로 움직여 주기를 바라는 대신 한 발 뒤로 물러나 훨훨 날아갈 수 있는 자유를 주자. 어른이, 사회적 인식이 먼저 바뀐다면 출산에 대한 부담은 자연적으로 줄어들 것이고 머지않아 다시 내 아이에게 물려주고 싶은 사회가 될 수 있을 거라고 나는 감히 믿는다.

 늙어가면서 의지할 곳은 오로지 나 자신이라는 걸 깨닫고부터 '잘' 늙어야겠다고 생각하게 됐다. 늙어서 돌봐줄 사람

없을까 봐 걱정하는 대신, 할머니처럼 삶의 멋을 알고, 칭찬과 사랑, 그리고 응원을 더 많이 주는 '좋은 어른'이 되고 싶다. 이것저것 재면서 되돌려 받기 위해 베푸는 것이 아니라, 대가를 바라는 사랑이 아니라, 누군가에게 좋은 영향이 될 수 있다면 그 자체가 감사하고 행복인, 그런 어른 말이다.

나는 꼰대 같은 어른이 되지 않기 위해 노력할 것이다. 그리고 멋있게 살 것이다. 가르치려 들지 않고, 누구나 다른 장단점을 가지고 있는 고유한 존재라는 걸 있는 그대로 받아들이고, 강요나 부담보단 묵묵히 개인의 선택을 존중하는 진짜 어른의 자세를 가지고 싶다. 듣기 싫은 말보단 좋은 말을 나누고, 칭찬과 용기를 더 주고 싶다. 그렇게 좋은 어른으로, 사랑받는 어른으로 사는 방법에 대해 고민하다 보면 분명 난 충만한 삶을 살게 될 것이라고 믿는다.

"할머니는 우리 가영이가 할머니 손녀딸이어서, 우리 가영이 같은 손녀딸이 있어서 너무너무 행복해."

내겐 아직도 이 말이 귓가에 맴돈다. 그리고 여전히 그 믿음으로 그 어떤 힘든 순간에도 자신감을 잃지 않고 살아간다.

누군가에게 행복을 주는 특별한 사람이라는 자부심은 무

한한 긍정에너지를 심어준다. 존대받으려 하지 말고, 대접받으려 하지 말고, 뭐든지 더 양보하고 배려하는, 더 '주는' 어른이 되자. 어쩌면 신이 내게 주신 명령은 세상이 무섭다며 등 돌려 내 아이만 지키려 하지 말고, 내가 줄 수 있는 사랑을 필요로 하는 더 많은 이들에게, 세상에 더 다가가라는 임무를 주신 것일지도 모르겠다.

'그래. 세상으로부터 지키려고만 하지 말고, 이 문을 열고 또 다른 세상으로 나아가자!'

남편의 꿈,
그리고 작은 사회의 응원

 수술 후 항암을 앞두고 친정에 머물렀던 날 퇴근한 남편이 친정으로 나를 보러왔다. 그날 엄마와 나, 그리고 남편은 셋이 식탁에 앉아 이런저런 이야기를 나누었다.

 내 부모에게 남자친구였던 지금의 남편을 처음 소개하는 자리에서 아빠는 남편을 만나자마자 "준상아, 너무 보고 싶었다."라며 큰 품에 그를 꼭 안아주셨고, 만년 소녀 같은 엄마도 사위인 남편에게 언제나 다정했다. 사랑을 많이 받는 맏사위인 남편은 우리 부모와도 빠르게 가까워져 마음을 터놓고 속이야기를 할 수 있는 사이가 돼 있었다.

"저는 사실 사업 열심히 해서 돈을 좀 벌어놓고 나면, 재단 하나 만들어 아픈 아이들 도와주는 일을 하고 싶었어요. 그게 어렸을 때부터 제가 가졌던 마지막 꿈이었어요. 그래서 그 아이들에게 지속해서 실질적이고 직접적인 도움을 주고 싶어요. 사실 그동안 바빠서 잠시 그 꿈을 잊고 지냈었는데, 가영이와 이런 일을 겪으면서 다시 생각이 났습니다. 운명인 것 같단 생각이 들어요. 나중에 가영이와 좋은 일 많이 하면서 살고 싶습니다."

나도 처음 듣는 이야기였다. 사업한다는 사람이 마음이 이렇게 여려도 되는 건가 싶어 걱정도 됐지만, 어디에서부터 오는 생각인지 잘 알기에 '좋은 사람'인 남편의 깊은 생각이 기특하고 예뻤다.

"그렇게 마음을 쓰다 보면, 또 그 아이들이 저희 아이들이 돼줄 수도 있고요."

주고, 주고, 또 주는 어른이 되고 싶은 내 생각과 남편의 생각이 어딘지 모르게 닮아 있는 것 같아 반가웠다.

원했든 원하지 않았든 이미 세상에 태어난 아이들, 그리고 그중 많은 아이들이 따뜻한 사랑과 도움을 필요로 하고 있다. 어떤 식으로 어떻게 우리의 사랑과 손길을 나누어 줄 수 있을지, 그 구체적 방안을 고민하는 일, 우리에겐 또 새로운 목표가 생겼다. 나와 남은 인생을 함께 걸어갈 사람과 이런 마음을 공유한다는 게 기뻤다.

나는 기다려 주는 엄마가 되고 싶었다. 고등학교 때쯤의 일기일까, 그 오래된 일기장에 "기다려 주는 엄마가 되고 싶다."라고 쓰여 있었다. 옆에서 아이를 다그치며 모든 걸 간섭해 앞서서 먼저 해주는 엄마가 아니라, 아이를 나와 다른 독립된 인격체로 인정하고 묵묵히 믿어주고 지켜봐 주는 엄마 말이다. '하지 말라.'는 구속과 제어의 말보단 실패하거나 조금 돌아가더라도 '할 수 있다.'는 북돋움의 말을 더 많이 해주는 멋진 신세대 엄마가 되고 싶었다.

부모로서 할 수 있는 가장 쉽고 편한 게 잔소리라고 한다. 사실은 조금 답답하더라도 아이가 자신의 속도에 맞게 자신만의 길을 찾아가도록 묵묵히 지켜봐 주는 것이 훨씬 더 어려운 'Parenting(육아)'이라는 것이다.

> 인생을 통제하려 들지 말고,
> 흐름에 맡기는 것이 더 큰 힘이다.

아이도 존중이 필요하다. 일방적인 잔소리는 아이를 위해서라는 말을 빙자한 내가 가진 부담감을 아이에게 전가하는 일이다. 내 걱정을 내 안에서 다스리지 못하고 아이의 속도를 뛰어넘어 기어이 자신의 답답함을 표출해 내는 것이 아이에게 마음의 짐을 더 쥐여주는 것 말고 어떤 좋은 영향이 있을까? 걱정은 아무런 긍정적 힘이 없다. 아이에게 필요한 것은 걱정과 일방적 잔소리가 아니라 의견을 들어주는 상호 존중적 태도, 믿음과 응원, 그리고 보고 배울 수 있는 행동이다.

물론, 이러한 내 우아한 이상과는 다르게 아이를 낳았다면 난 무서운 세상으로부터 그 아이를 보호하기 급급했을지도 모른다. 내 아이에게만 온통 애정을 쏟았을 것이고 그 아이가 세상의 나쁨에 물들지 않게 하도록 온몸으로 그 아이의 보호막이 되려 고군분투했을 것이다. 자식을 보호하려는 모성애이기도 했겠지만, 더 솔직히는 내 욕심이었을 거라 생각한다.

그러나 이젠 내 이상을 충분히 실현해 볼 수도 있지 않을까?

내가 살면서 만나게 될 세상의 아이들이 얼마나 될지는 모르겠으나, 내가 이상적이라고 생각했던 '기다려 주는 어른', 무엇이든 '해보라' 북돋워 줄 수 있는 어른이 되고 싶다. 내가 대학교수의 꿈을 이룰 수 있을지는 모르겠으나, 이룰 수 있다면 인연을 맺게 되는 아이들에게 가르치려는 선생님보단 긍정적 영향을 미치는 좋은 어른이 되고 싶다.

상대의 마음을 헤아려 불편할 말은 삼킬 줄 아는 깊은 지혜를 가진 어른이 되고 싶다. 언제나 상대도 내게 서운할 수 있다는 점을 기억하고 내 서운한 감정을 우선해 드러내지 않고 숨겨 넘길 줄 아는 배려를 갖춘 어른이 되고 싶다. 세상에서 가장 쉬운 일이 말을 기어이 뱉어버리는 것이다. 남을 탓하지 않고 항상 나를 먼저 돌아보는 어른스러운 어른이 되고 싶다.

나는 작은 사회가 주는 응원의 힘을 믿는다. 내가 속한 가장 작은 사회로부터 충분한 사랑과 응원을 받은 사람은 그 집합체를 벗어나서도 자격지심 없이 높은 자존감으로 살아갈 가능성이 크다.

나는 내가 살아가는 동안 만나는 아이들에게 그런 사랑과 응원을 주는 작은 사회가 돼주고 싶단 새로운 꿈을 꾼다. 말 몇 마디, 칭찬과 북돋움의 작은 표현은 거창하진 않을지라도 삭막한 현대 사회에선 아무리 과해도 지나치지 않은 매우 소중한 가치이기 때문이다.

형언할 수 없는 행복을 주는
나의 첫 조카, 윤준

　온 집안을 밝혀주는 소중한 새 생명, 기다리고 기다리던 내 조카가 태어났다. 콩콩이였던 이 아이의 이름은 윤준. 첫 조카는 그렇게 예쁘다더니만, 떠올리기만 해도 미소가 절로 나는, 형언할 수 없는 행복이란 이런 거라는 걸 매일같이 알려주고 있는, 웃음이 햇살같이 예쁜 사랑스러운 아이다.

　윤준이 나를 빤히 바라보며 반달눈이 되도록 까르르 웃어줄 때, 내 손가락을 꼭 쥐고 놓지 않을 때, 조그만 아이를 안았는데 삐져나온 작은 손이 오히려 내 등 뒤로 나를 감싸안아 주는 걸 느낄 때, 말로 표현할 수 없는 감동이 밀려온다.

안아 든 아이가 온 힘을 다해 떨어지지 않으려 내 옷깃을 붙잡고 있을 때, 혼자 살 수 없는 아이가 의지할 수 있는 필요한 존재가 된다는 게 얼마나 큰 행복이자 기쁨인지 느낀다. 호기심 가득 세상 모든 것이 궁금해 두리번거리는 아이의 눈을 좋은 것들로만 채워주고 싶다.

윤준을 통해 난 매일매일 큰 치유를 받고 있다. 윤준이와 관련된 모든 걸 나와 의논해 주고 아이의 일거수일투족을 나에게 알려주고 상의해 주는 동생이 고맙다. 덕분에 아이가 주는 기쁨을 원 없이 누리며 엄마가 느끼는 많은 감정을 더 이상 궁금해하지 않고 공유할 수 있게 되었다.

사람은 소유하고 사랑받고 싶은 욕구만큼이나 주고 싶은 욕구도 함께 가지고 태어난다는 걸 깨닫는 요즘이다. 맘껏 내 사랑을 줄 수 있는 대상이 생겼다는 그 자체가 감사하다.

아이가 너무 예쁘고 그 빛이 상상을 초월하는 만큼 밝아서 아이에 눈이 멀다가도 동생의 입장을 먼저 생각하겠다는 약속을 지키려 노력 중이다.

우선은 먼저 해봤다고 이래라저래라 하는 간섭들은 내가 나서서 차단해 주었다. 모유 수유를 하라 말라 하면 "그건 엄마가 알아서 할 일!"이라고 잘라주었고, 자연분만이 좋다, 제왕절개가 좋다 하는 육아 갑질엔 "그건 산모가 알아서 결정할 일!"이라며 더 이상 말하지 못하게 했다. 우리 사회엔 선 넘는 간섭이 과하게 많다.

원래 같으면 내가 동생보다 먼저 지나와야 했던 과정들이었다. 이때까지는 내가 먼저 겪어보지 않은 일을 동생이 겪는 것이 거의 없었다. 내가 먼저 가봤으면 동생에게 이 길이 좀 덜 무서웠을 텐데, 하필이면 가장 어려운 길을 홀로 가게 하는 게 안타까웠다. 난 할 말은 해야 하는 성격이니 내가 진작 했었을 말들을 대신해 주는 것뿐이다.

그러나 이러한 내 우려와 달리 만년 막내라 생각했던 동생은 윤준에게 너무도 씩씩하고 훌륭한 엄마가 돼주고 있다.

동생과 육아의 길에 동행해 새로운 순간마다 나였으면 어떻게 했을까 자주 생각한다. 그리고 그런 이야기들을 동생과 자주 나눈다. 내 아이에게 해주고 싶었던 열정을 조카와 내 동생에게 쏟아내며 대리만족을 느끼는 것 같기도 하고, 여자의 본능적 욕구인 타고난 모성애인 것 같기도 하다.

내가 윤준을 어떤 남다른 마음으로 보고 있는지 부모님과 동생은 잘 안다. 나는 정말 아이가 너무 예뻐서 그냥 보이는 그대로 그런 마음인 건데, 내가 워낙 아이를 좋아하니 또 그런 내 모습을 보는 엄마, 아빠의 얼굴에선 때때로 나만 알아차릴 수 있는 속상함이 보일 때가 있다. 나는 정말 괜찮으니, 부모님이 마음 아파하지 않으셨으면 좋겠다.

눌러두고 나조차 모른 척하고 살기로 한 그 마음까지 헤아려 주는 동생과 엄마가 고맙지만, 동생의 고생이 충분히 칭찬받고 내 아이의 몫까지 윤준이 마땅히 받아야 할 사랑 그 이상을 받으며 마음이 더 풍요롭고 따뜻한 아이로 자랄 수 있으면 하는 게 내 진심이다. 앞에서 말했듯, 내 아이였어도 나는 좋은 어른의 자세로 사랑을 많이 주고 밝고 긍정적인 아이로 키우고 싶었다. 윤준이 그렇게 클 수 있도록 편한 마음으로 우리 모두 윤준을 마음껏 사랑만 했으면 좋겠다.

행여나 언니가 허전하고 빈 부분이 생기진 않을까 늘 세심하게 내 마음까지 생각해 허구한 날 윤준을 나에게 맡겨주는 동생에게도 고맙다.

어차피 한 아이를 키우려면 한 마을이 필요하다고 하지 않던가? 너도, 나도 좋은 일석이조 육아로 윤준이 좋은 사람으로 잘 키워보자고 전하고 싶다.

하나뿐인 동생의 아이인 윤준이에 대한 마음은 내 아이나 다를 바 없으나, 먼 훗날 그 아이에겐 어른이 많다는 게 부담이 될 수도 있으니 늘 '부담되지 않는 어른'이 되자는 내 신조를 가슴에 새긴다.

조카들에게부터 부담 주지 않고 집착하지 않고, 잔소리하지 않고, 그냥 늘 옆에 있으며 아낌없이 사랑만 듬뿍 주는, 좋은 어른이 되고 싶다.

육아에 지친, 그리고
난임으로 고통받는 부부들에게

 부유한 나라가 됐다고 해서 결코 살기 쉬운 세대는 아닌, 동시대를 살아가고 있는 세상의 많은 부모에게 경의를 표하며 응원을 보냅니다. 처음으로 어른보다 아이의 수가 더 적은, 아이의 존재가 너무 귀한 세상에 사는 우리 세대 부모의 역할은 어쩌면 더 부담스러울지도 모른다는 생각이 듭니다. 한 생명의 평생을 책임져야 하는 부모라는 타이틀이 가진 무게가 얼마나 무거울지 사실 감히 다 체감하진 못하겠어요.

 그러나 살면서 그 버거움에 지칠 때 꼭 기억해 줬으면 좋겠어요. 엄마는, 부모는 되고 싶다고 아무나 될 수 있는 것이 아닌, '부모'라는 사실 그 자체만으로도 너무나 큰 축복이며 감사한 일이라는 걸요. 부모라는 지위는 누군가에겐 갖고 싶어도 가질 수 없는 귀한 일이라는 걸 세상의 모든 부모에게 꼭 전하고 싶습니다.

아이를 갖고, 부모가 되고 싶지만, 난임으로 고통받고 있는 부부들이 실은 우리 주위에 매우 많은 것 같습니다. 저희 부부의 경우 일반적인 난임 케이스는 아니어서 노력과 실패의 반복 속에 오는 그 허탈함을 다 이해할 수는 없겠지만, 행여 그 바람이 끝끝내 이루어지지 않더라도 그게 삶의 끝은 아니며, 결코 실패도 아니라는 말을 꼭 전하고 싶습니다.

간절히 원하는 아이가 와준다면 그건 원하던 일이 이루어졌으니 당연히 축복할 일이고, 행여나 그렇지 않더라도 그 뒤엔 예기치 못했던 또 다른 새로운 즐거운 시작이 기다리고 있을지 그건 아무도 모르는 일이거든요.

실망은 있겠지만, 결코 실패는 아닙니다. 한때는 실패라고 여겼던 일이 지나고 보니 제게 대단히 많은 행복과 기회를 가져다주기도 했으니까요. 어쩌면 저는 이 책을 통해 암 투병으로 고통받고 계신 분들만큼이나 난임 치료 후의 삶에 대한 두려움을 안고 계실 분들에게도 그래도 괜찮고, 충분히 행복할 수 있다는 말을 전하고 싶었던 것 같습니다.

더 중요한 것은 결혼, 임신, 그리고 출산의 성공 여부가 아닌, 그 후의 과정, 그리고 그 길의 끝에 기다리고 있을 나의 삶입니다. 주어진 인생에 지지 마십시오. 남들은 앞으로 가는데 나만 멈춘 것 같고, 후퇴하는 것은 아닌지 걱정스러울 때가 있을 거예요. 그러나 삶의 방식이 다를 뿐 우리는 계속 가야 하고 가고 있는 것이며, 더 중요한 것은 우리가 만들어 나갈 이 길의 끝에 있는 '실패하지 않는 삶'이라는 것을 꼭 기억했으면 좋겠어요.

용기 있게 '나'를 선택한 이들에게

부끄럽지만 저는 비교적 보수적인 사람이었기에 이런 아픔을 겪기 전까진 선택적으로 아이를 낳지 않고 둘만의 여유를 즐기며 살겠다는 젊은이들의 선택을 이해하지 못했습니다. 어쩔 땐 '그건 너무 이기적인 거 아냐?' 하고 생각하기도 했었죠(네, 부끄럽지만 저도 그런 어른 중 하나였습니다). 저는 여자라면 결혼하고, 결혼하면 아이를 낳는 것이 그저 당연한 순서라고만 생각한, 돌이켜 보면 그렇게 세련되지는 못한 생각의 소유자였습니다.

그런데 어느 순간 그런 생각이 들더군요. '내가 처한 상황이, 나에게 주어진 상황이 누군가는 일부러 선택하기도 하는 인생'이라고 말이죠. 아마 그때부터였던 것 같아요. 소위 말해 딩크라 불리는 사람들의 생각과 가치관을 직접 찾아보며 이해하기 시작한 것이요. 누군가는 선택하는 인생이라는 게 위로가 되었습니다. 그리고 제가 생각했던 것보다 훨씬 더 깊은 생각이 토대가 되는 갖가지 이유로 자기 삶을 선택하고 계신 분들이 많다는 걸 알게 되었습니다.

아차 싶었습니다. '내가 너무 섣부르게 판단했었구나.'

저희 부부의 아픔을 알 리 없는 남편의 지인들은 남편에게 아이 소식을 꽤나 자주 물었다는 걸 나중에서야 듣게 되었습니다. 희한하게 여자인 제 지인들은 제 일을 몰랐음에도 불구하고 아무도 아이 소식을 물은 이가 없어 오히려 의외였지요. 왜 아직도 아이가 없냐, 빨리 손주를 안겨드리는 일이 가장 효도하는 일이라며 남편을 다그쳤다는 이야기를 들었을 때 그 이야기를 듣는 남편의 심정이 어땠을까 싶어 속상했습니다. 그리고 아이를 직접 낳고 대부분 주 양육자가 되는 여자들이 아닌 오히려 남자들이 아이 소식을 거리낌 없이 묻는다는 사실이 왜인지 기분이 썩 좋지는 않았습니다.

엄연히 개인적인 영역을 무차별적으로 침범하고 강요하고,

심지어 가르치려고까지 드는 유교적인 한국 사회에서 다양하고 깊은 고민 끝에 '엄마의 삶'이 아닌 '나의 삶'을 선택한 여성들이 느껴야 했을 불편한 시선이 오죽했을까 싶었습니다.

태어나 부모를 만족시키기 위해 노력하며 살다 효도라는 암묵적 압박으로 나의 삶을 포기까지 하게 되는 것은 옳지 않은 것 같아요. 그래서 전 이 유교적인 사회에서 저마다의 이유로 온전한 '나'로서의 삶을 선택한 여성들에게도 그들의 용기 있는 선택에 박수를 보내고 싶습니다.

이 시간에도 삶을 위해
열심히 싸우고 계실 환우분들께

 환우분들은 다 아실 거예요. 아름다운 동행이라는 네이버 카페가 있습니다. 암 환자와 투병을 돕는 직계가족이 익명으로나마 서로를 위로하고 격려하며, 경험을 공유하는 공간입니다. 승인된 카페 멤버만 글을 볼 수 있기에 어쩌면 가장 간절한 마음으로 도움을 청하는 가장 솔직한 공간이기도 하죠.

 카페 가입자는 약 23만 명, 전체 게시글은 48만 개를 넘어가고 있는데, 처음 암 진단을 받고 홀로 가장 외롭고 무서웠던 시기 저도 이 공간에서 많은 정보와 용기를 얻었습니다.

겪어본 사람만이 아는 그 마음을 나누고 싶어 저도 치료 후 2022년 봄에 한 번, 2023년 봄에 한 번, 두 번 꽤 긴 글을 올린 적이 있습니다. 누구에게도 말하지 못하고 발만 동동 구르는 그 간절하고 무서운 심정을 잘 알기에, 작은 도움이라도 되어드리고 싶었습니다.

큰 용기를 내어 쓴 글이었는데, 두 글의 조회수가 6,500회가 넘어가고 있고 "글을 읽는 내내 너무 멋지고 대단하다고 느꼈다.", "고생 많았다.", "정말 멋있는 글이다.", "굉장한 위로를 받았다.", "용기 있는 말 너무 고맙다." 등등의 댓글이 100개나 넘게 달려 도리어 제가 더 큰 위로를 받았습니다. 제 글을 읽은 7,000명에 가까운 사람들의 그 간절한 마음에 조금이나마 도움이, 위로가 되었길 진심으로 바라면서 짧게나마 이 책을 빌려 갖가지 이유로 고통의 터널을 지나고 있는 분들께 마음을 전하고 싶습니다.

저는 지난 2년 동안 홀로 참 많은 생각을 하며 제게 닥친 위기를 극복해 나갔던 것 같아요. 생각을 바꾼다는 게 말처럼 쉽지는 않지만, 같은 상황도 조금씩만 다른 각도에서 다시 생각하다 보면 어느새 치유의 효과가 눈에 띄게 나타나곤 했습니다.

항암이 끝나고 다행히 코로나가 풀려서 저는 그간 묵혔던 서글픔이나 억울함과 분노에 복수라도 하듯, 보란 듯 여행을 다니며 더없이 행복한 삶의 여유를 즐기고 있습니다. 죽기 전에 '꼭' 가봐야 한다는 곳이 세상에 너무 많은 거예요!

아프다는 건 어쩌면 아직 허락된 시간이 있다는 의미이기도 합니다. 끝이 있다는 걸 안다는 것, 후회와 아쉬움을 남기지 않을 수 있는 기회가 아직 남아 있다는 건 어쩌면 하고 싶고 해야 할 것들을 지금 당장 추진하게 만드는 용기를 주는 선물 같은 시간일지도 모릅니다.

제가 아프며 얻은 가장 큰 깨달음은 뭐든지 하고 싶을 때, 할 수 있을 때 해야 한다는 것입니다. 나중에, 나중에 이런 말들을 많이 하는데, 그 나중을 누가 보장해 줄 수 있나요? 그 무엇보다 소중한 건 '나의 지금, 이 순간'입니다.

예전의 저는 지금에 대해선 큰 욕심이 없었습니다. 뭐든지 하고 싶은 건, 더 좋은 건 나중을 위해 참고 아껴놓는 습관이 있었어요. 나중에 다 할 수 있을 거라고, 당연히 그럴 것으로 생각했습니다.

그러나 더 이상 그러지 않기로 했습니다. 제 지금을 놓치고 싶지 않아요. 저는 충분한 '지금'을 살고 싶어요.

그 나중에 후회하지 않을 지금을 살 거예요. 하고 싶은 것, 보고 싶은 것, 먹고 싶은 것, 갖고 싶은 것, 저는 모두 지금 할 거예요. 나중을 위해 아껴두는 일은, 나중으로 미뤄두고 참는 일은 더 이상 하지 않을 겁니다. 그랬더니 행복이 자연적으로 따라오더군요.

삶의 소중함을 이렇게 이른 나이에 알게 됐다는 것에 감사합니다. 이것은 삶의 고비를 넘어본 사람에게만 주어지는 기회이자 축복이 아닐까 싶습니다.

아프고 보니 인생은 내 계획대로만 되지는 않는다는 것도 알게 되었어요. 아무리 간절히 원해도 내 힘으로는 할 수 없는 것들이 있다는 것도요. 그래서 저는 앞으로 너무 먼 계획은 세우지 않기로 했습니다.

우리 모두 오늘의 소중함을 새기면서 하루하루 즐겁게 살았으면 좋겠어요. 저는 한 사람에겐 시련 총량의 법칙이 있다고 믿어요. 그러니 여러분들은 이미 큰 시련은 다 넘으신 거예요. 우리 앞으로 행복한 일만 있을 거예요.

우리 모두 힘들지만, 이 또한 지나갈 것입니다.
다 괜찮고, 다 괜찮을 것입니다.

부디, 포기하거나 희망을 잃지 않기를 바라며,
여러분의 한 번뿐인 소중한 삶을 위해 기도하겠습니다.

나중을 누가 보장해 줄 수 있나요?

그 무엇보다 소중한 건
'나의 지금, 이 순간'입니다.

그럴수록,
나는 더 우아하게 살기로 했다

 가보지 않으면 절대 알 수 없는 것, 그게 바로 인생인 것 같다. 먼저 그 나이가 되어봤다 하더라도 모두 제각각 단 한 번뿐이기에 맞고 틀린 게 애초에 있을 수 없는 유일무이한 것이 우리의 인생인지도 모르겠다.

 한바탕 거센 폭풍우가 지나간 후의 삶은 아주 다를 줄 알았다. 그러나 사람은 의외로 탄성의 법칙에 의해 움직이는지 다시 찾은 나의 일상은 크게 달라지진 않았다. 오히려 언제 그런 풍랑을 만났었냐는 듯, 거짓말처럼 평온한 온도로 고요히 유지되어 잘 흐르고 있다. 아니, 더 솔직히 말하면 요즘 이렇게 잔잔하게 흐르는 하루하루가 너무 행복해 신이 주신 선물 같은 시간인가? 싶은 생각이 들 때가 많다.

신은 인간에게 선물을 줄 때 '시련'이라는 이름의 포장지에 싸서 주신다고 한다. 작은 선물은 작은 포장지에 싸져 있고, 큰 선물은 큰 포장지에 싸져 있다고. 신이 나를 사랑하시기에 그동안 고생했다 이제는 편히 즐기라 하시는 보상인가! 아니, 어쩌면 신은 나를 너무 사랑하서 일상의 행복을 이렇게 빨리 깨닫게 해주시려고 그렇게 큰 포장지의 선물을 주신 건지도 모르겠다.

둘이 사는 삶은 좀 외롭지 않을까 싶었는데 둘이 사는 삶도 늘 같은 것이 아니라, 쌓일수록 그만큼 서로에 대한 이해와 유대감도 더 깊어지는 것이었다.

지금이 너무 좋다.

물론, 눈물겨운 투병기를 겪은 우리 부부에게 더 이상 서로 얼굴 붉힐 일 따윈 없을 거로 생각했지만 그건 대단한 착각이었다. 힘든 시기, 나를 무사히 버티게 했던 남편은 아이러니하게도 내 삶에 가장 큰 스트레스 제공자이기도 했으며, 세상에서 가장 이해되지 않는 사람일 때도 많았다. 좋을 때는 쿵 짝이 너무 잘 맞아 어떻게 이렇게 똑같을 수가 있지? 싶다가도 어떨 때는 하나부터 열까지 그렇게 다를 수가 없었다. 좋을 땐 함께 하는 이번 생이 너무 짧은 거 같아 다음 생에도 또 만날 수 있을까? 싶은 생각이 들다가도 뫼비우스의 띠처럼 우리는 한 집에 있으면서도 몇 날 며칠을 서로 눈도 안 마주칠 정도로 파국으로 치닫는 싸움을 하기도 했다. 그리고 그럴 때면 난 이전보다 훨씬 더 서럽고 서글퍼졌다.

때로는 결혼 생활이 출구 없는 감옥 같단 생각이 들기도 했으며 별것도 아닌 일에 자기 자존심을 앞세우며 나를 꺾으려 드는 남편을 볼 때면 겨우 붙들고 있던 삶의 의지가 뿌리째 흔들렸다. 내가 오래 살기를 누구보다 간절히 원한다는 사람이 과연 저럴 수 있는 것인가, 그토록 제발 무사히 회복만 해달라며 더 많이 놀아주고 더 잘하겠다고 매일 밤 울며 말하던 사람이 맞나 싶었다. 그렇게 분한 마음이 들 때면 내 몸속 꿈틀대는 살기 싫은 세포가 안간힘으로 살려고 버티던 세포를 쭉 밀어내는 느낌이 들었다. 악마의 세포들이 어느새 비집고 들어와 이게 가장 큰 복수라며 속삭였고, 오래 살고 싶지 않다는 생각이 내 정신을 지배했다. 무서웠다. 수술 부위가 아파져 왔다. 내 의지와 별개로 움직이는 저절로 드는 마음들은 내 마음대로 제어되지 않았다.

자식이 없는 부부는 이럴 때 그 관계 자체가 쉽게 위태로워질 수 있다고들 말했다. 시간이 흘러 서로에 대한 애정이 사라지더라도 떼려야 뗄 수 없는 아이에 대한 책임감으로나마 서로를 붙잡을 힘이 부재하게 되기 때문이다. 그 말이 사실일지도 모른다. 근본적으로 남인 우리가 함께 살아야 할 유일한 이유는 사랑, 의리, 측은지심, 그게 어떤 형태로이든 서로를 향한 애정의 마음이다. 수술을 결정한 그날 결심했다. 내가 그와 함께하는 인생을 원하더라도, 내 필요 때문에 그를 붙잡진 않겠다고. 언제든 그가 나를 떠나겠다 한다면 흔쾌히 그를 떠나보내 주겠다고. 내 이기심으로 그를 붙잡지 않겠다고. 지금은 아니라고 하지만, 언제든 아이를 원할 수 있는 그의 마음도 나는 충분히 존중하겠다고 말이다. 그게 내가 그를 사랑하는 방식이었다.

그러나 아이러니하게도 부부관계의 골든타임이라는 3년 동안 남편과 이 불구덩이를 함께 헤쳐 나온 덕분인지, 우리 사이엔 아무나 가질 수 없는 특별한 내적 힘이 생겼음을 느낄 때가 많다. 나도 남편도 내 옆에 있는 이 사람이 당연한 존재가 아니란 걸 온몸의 세포로 기억하기 때문일 것이다. 서로 말하지 않아도 우린 안다. 서로에게 스트레스를 준다는 것이, 행여나 그래서 서로를 잃게 된다면, 그래서 가장 큰 손해를 보는 건 다른 누구도 아닌 우리 두 사람이라는 것을. 혼자 남겨짐을 감당해야 하는 건 다른 그 누구도 아닌 우리 두 사람이라는 것을 말이다. 그런 측면에 있어 모든 걸 포기하고 싶게 만드는 갈등 상황에서조차 우린 미움을 넘어선 일종의 무서움을 느낀다. 서로가 절실하다 보니 서로가 느끼는 스트레스의 원인들이 나에게서 그를 빼앗으려는, 그에게서 나를 빼앗으려는 적처럼 느껴졌다. 그리고 그러다 보면 어느새 상대에게 스트레스 줄 수 있는 말 한마디, 행동 하나까지도 한 번 더 참아 넘길 수 있는 지혜가 생겼다.

"인생은 결국 혼자"라는 말도 있지만, 이 지구상의 인간으로 태어난 이상 관계를 생략한 삶이 과연 존재할 수 있을까? 관계라는 게 언제나 완벽하고 행복기만 할 수는 없지만, 포기해 버리지 않고 더 좋은 쪽으로 가기 위해선 죽는 날까지 끊임없는 상호적 노력이 필요하다. 나는 그것이 인간의 삶을 지치게 만드는 원인인 동시에 다시 일어서 살고 싶게 만드는 원동력이라고 생각한다. 나는 함께, 잘 살고 싶었다.

한 번 더 생각하고, 한 번 더 참는, 더 극단적으로까지 내몰지는 않게 막아주는 견고한 힘이 우리 두 사람 사이에는 분명 존재한다고 믿는다. 고마움이 있기에 다퉜을 때의 미움이 끝까지 가지 않았고, 우리가 공유했던 많은 순간이 떠오르며 결국 좋은 길로 돌아갔다. 화가 좀 나더라도, 내 기준에선 이해가 어렵더라도 티 내지 않고 양보하며, 굳이 상대에게 평생 남을 상처 되는 말들은 되도록 삼킬 수 있다면 가장 좋겠지만, 그게 참아지지 않아 상처가 되는 순간에도 서로를 향하는 믿음이 있기에 우리는 삶의 고비를 넘겼듯 다시 또 관계의 고비들을 넘으며 살고 있다.

나는 사랑 없는 삶은 어차피 원하지 않는 사람이었다. 세상에서 나를 가장 살고 싶게 만드는 것도, 나를 가장 살고 싶지 않게 만드는 것도 결국은 사랑이다.

세상 그 어떤 것도 당연한 것은 없다. 나의 존재가 당연한 것이 아니란 사실을 깨달은 후, 내가 언제라도 한순간에 사라질 수 있다는 사실을 내 모든 세포로 깨달은 후 나는 내 마음의 소리에 더 귀 기울였다. 지옥을 한 번 겪고 보니 더 이상 세상에 나보다 더 중요한 건 없었다. 나는 남이 내 마음을 알아주길 기대하며 기다리는 대신 내 의견은 내가 먼저 더 존중해 주기로 했다. 그리고 알게 됐다. 스스로 자신의 마음을 잘 들어주는 것이 결국 나에게 자유를 주는 진짜 행복을 찾아가는 길임을. 나를 가장 소중히 여겨야 하고 나를 가장 소중히 여겨줄 수 있는 건 다른 누구도 아닌 나 자신이라는 것을 말이다.

고비가 왔을 때 좌절하고 무기력하게 포기해 버리는 것과 그걸 견디고 버터내 더 성장하고 발전된 나로 사는 것. 둘 중 난 후자를 선택했다. 주어진 삶에서 좋은 것만 보려 노력했고 원래의 나를 되찾으려 노력했다. 그러다 보니 이전보다 더 많은 순간이 값지게 다가왔고, 어느새 더 행복한 삶이 내게 찾아와 있다. 지금은 처음 진단한 의사의 말처럼 이 어처구니없는 상황이 황당해 웃기도 하고, 종종 투병 중 찍어놓은 사진과 동영상들을 보며 나는 그때가 제일 귀여웠다고, 세상에서 내가 제일 귀엽고 제일 '골때린다'는 그와 또다시 눈물이 쏙 빠지게 웃는 거짓말 같은 현실을 살아간다.

더 행복하기 위해 무언가를 더 원하고 이루어 내려 했지만, 지금 하고 싶은 것을 하면서 하루하루 즐겁게 사는 것이 행복 그 자체임을 깨닫는다. 세상을 살아갈 때 돈, 명예, 제각각 다양한 것들에 우선순위를 두며 살아가지만, 누군가 이제 내게 묻는다면 나는 거침없이 답할 것이다.

'지금 이 삶 그 자체'가 내겐 가장 중요한 가치라고 말이다.

나는 지금 이 삶을 위해 너무나 간절한 마음으로 싸웠고, 지금도 여전히 싸우고 있다. 큰 행복까지 갈 것도 없이 숨 쉬고 있는 '지금'을 그 무엇보다 간절히 원했다. 내가 희생하고 간절한 마음으로 힘겹게 싸워 얻은 것이기 때문에, 온 힘을 다해 노력해 얻은 것이기 때문에. 이 인생은 그 누구도 함부로 할 수 없는 온전한 '내 것'이다.

나는 여전히 매일 일기를 쓴다. 그리고 이 솔직한 삶에 관한 이야기를 계속해서 나누고 싶다. 잠시 중단했던 도전도 다시 한 걸음씩 나아가 보려 한다.

집에 있는 창이란 창은 다 열고 크게 숨을 쉬어본다.
가을바람이 상쾌하다.

행복하다. 비로소 얻은 이 해방감이 너무 좋다.

나는 살아 있고 앞으로도 보란 듯, 이 삶을 누릴 것이다.
그럴수록, 우아하게.

우리 모두에겐 그럴만한 권리가 있다.

세상에 보내는 작가의 편지

다른 사람들의 말이 항상 옳은 건 아녜요. 사람 일이란 절대로 일반화할 수 없죠. 다만 이루는 것과 놓치는 것 사이의 고민에서는 행복의 순간을 놓치지 않는 노력이 더 먼저인 것 같기는 해요.

남의 시선이나 말에 흔들리기보다, 나만의 가치관, 나만의 줏대를 잡는 게 훨씬 더 중요해요. 그리고 그냥 믿는 거죠. 아무리 안간힘을 써도 어쩔 수 없을 땐, 그냥 믿는 거예요. 내 운명을.

받아들이는 거예요. 내가 한 선택을.

지금은 정말 괜찮은 것 같은데, 살다가 문득 한 번씩 울 날도 있겠지요. 왜인지, 뭐가 그렇게 서러운 건지 어떻게 표현할 수는 없겠지만. 그래도 전 지금까지 해온 것처럼 묵묵히 저에게 주어진 뜻을 헤아리며 잘 살아 내보려 합니다.

내 옆에는 나보다 더 나를 아끼고 사랑해 주는 이들이 있다는 걸 알기에, 어떤 고비가 오더라도 또 묵묵히 함께 헤쳐 나갈 것임을 알기에, 두렵지 않습니다.

인생이 내 마음대로 되지 않고 남들과 조금 다른 길을 가는 것에 대해 걱정이 앞설 때가 있을 거예요. 그러나 인생의 형태는 다양하다는 것, 저는 앞으로도 남들과 조금 다른 길을 가려 하지만, 괜찮은 것 같아요.

당연한 것이 없음에도, 당연하다는 것이 너무 많은 이 세상을 살아가며, 모두 나 자신의 마음을 먼저 들어주고 다독여 줄 수 있는 자유를 찾으실 수 있기를 바랍니다.

당연하다는 생각은 갈등의 씨앗만 자라나게 할 뿐 그 어떤 관계에도 도움이 되지 않아요. 당연한 걸 안 한다고 비난하지 말고 '고마운 것이 많다.'고 생각을 바꾼다면 모든 인간관계는, 우리 사회는, 지금보다 훨씬 더 행복해질 것이라 믿습니다.

모든 삶은 '나의 것'이고 내가 아닌 그 누구도 나를 함부로 대할 수 없다는 걸, 그럴 자격이 없다는 걸 모두가 꼭 기억했으면 좋겠습니다.

나를 지킬 수 있는 건 그 누구도 아닌 나 자신이며, 이 삶과 이 시간은, 유한하다는 것도요.

그래서 모두가 나 자신을 더 아끼고, 소중하게 다룰 수 있다면 좋겠습니다.

뭐든지 할 수 있을 때 하세요.

사랑도, 용서도, 도전도.

저는 오늘도 이 하루가 참, 감사합니다.

남들과 조금 다른 길을 가도 괜찮아

초판 1쇄 발행 2024. 12. 31.

지은이 정가영
펴낸이 김병호
펴낸곳 주식회사 바른북스

편집진행 박하연
디자인 김민지

등록 2019년 4월 3일 제2019-000040호
주소 서울시 성동구 연무장5길 9-16, 301호 (성수동2가, 블루스톤타워)
대표전화 070-7857-9719 | **경영지원** 02-3409-9719 | **팩스** 070-7610-9820

•바른북스는 여러분의 다양한 아이디어와 원고 투고를 설레는 마음으로 기다리고 있습니다.
이메일 barunbooks21@naver.com | **원고투고** barunbooks21@naver.com
홈페이지 www.barunbooks.com | **공식 블로그** blog.naver.com/barunbooks7
공식 포스트 post.naver.com/barunbooks7 | **페이스북** facebook.com/barunbooks7

ⓒ 정가영, 2024
ISBN 979-11-7263-211-3 03810

•파본이나 잘못된 책은 구입하신 곳에서 교환해드립니다.
•이 책은 저작권법에 따라 보호를 받는 저작물이므로 무단전재 및 복제를 금지하며,
 이 책 내용의 전부 및 일부를 이용하려면 반드시 저삭권사와 노서출판 바른북스의 시면동의
 를 받아야 합니다.